colección acción empresarial

Píldoras
para emprender

Juanma Romero y Luis Oliván
Prólogo de Sergio Martín

Píldoras
para emprender

MADRID BARCELONA BOGOTÁ
MÉXICO D.F. MONTERREY BUENOS AIRES
LONDRES NUEVA YORK SAN FRANCISCO SHANGHÁI

Colección Acción Empresarial de LID Editorial Empresarial, S.L.
Sopelana 22, 28023 Madrid, España - Tel. 913729003 - Fax 913728514
info@lideditorial.com - LIDEDITORIAL.COM

A member of:

Business Publishers Roundtable.com

EAN-ISBN13: 9788483568026
Directora editorial: Jeanne Bracken
Editora de la colección: Laura Madrigal
Edición: Maite Rodríguez Jáñez
Maquetación: produccioneditorial.com
Diseño de portada: Juan Ramón Batista
Impresión: Cofás, S.A.
Depósito legal: M-17.534-2015

Impreso en España / *Printed in Spain*

Primera edición: junio de 2015

Te escuchamos. Escríbenos con tus sugerencias, dudas, errores que veas o lo que tú quieras. Te contestaremos, seguro: queremosleerteati@lideditorial.com

ÍNDICE

PRÓLOGO

La primera vez que Juanma Romero y yo hablamos de un programa so-bre —y para— emprendedores en el Canal 24 horas, a finales de 2012, los dos sabíamos que estábamos ante un reto difícil. Pero a Juanma le brillaban los ojos cuando me contaba las cosas que podríamos enseñar en un programa diseñado para la gente que «quiere hacer cosas» (para-fraseando al director del programa). Los medios disponibles de Canal 24 horas apenas nos permitían continuar con su programación habitual, pero a los dos nos encantaba la idea. Este programa «no puede ser más de servicio público», me decía Juanma para convencerme, sin saber que yo ya lo estaba.

Y, por si no lo estaba, él me seguía ofreciendo argumentos: «Tenemos que crear un espacio en el que los emprendedores se sientan cómodos, en el que los viejos emprendedores le enseñen el camino a los nuevos, en el que la experiencia de los que antes pasaron por un camino sirva de guía a los nuevos expedicionarios. Que la gente le pierda el miedo a emprender». Y le seguían brillando los ojos, a Juanma se le iluminaba la mirada cuando se ponía a hablar de estas cosas.

Confieso que me dejé convencer al 100% por el entusiasmo de mi interlo-cutor, aunque seguía viéndolo complicado. Sabía que el éxito del progra-ma dependía de que fuéramos capaces de conseguir mucho ritmo, muchos contenidos, muchas ideas y muchos protagonistas en cada programa. Pero seguimos dando vueltas a la idea y pronto se incorporó Luis Oliván —el reali-zador— al proyecto.

A las pocas semanas, Juanma y Luis me mostraron el primer programa pilo-to, días después ya habían perfeccionado la idea con una segunda muestra y así hasta cuatro. ¡Hicieron cuatro programas piloto! Me querían dejar claro que a ilusión, esfuerzo, entrega y fe nadie les iba a ganar.

Les dije que sí, que el proyecto ya estaba lo suficientemente maduro como para estrenarlo. Apenas había acabado la frase y Juanma y Luis ya me es-taban preguntando por lo siguiente: «¿Qué día se empezará a emitir? ¿A qué hora? ¿Lo vamos a redifundir? ¿Y qué día sería y a qué hora?». Recuerdo que pensé «son insaciables, Juanma y Luis son insaciables». Así es como descubrí que *Emprende* —así se llamaba proyecto desde el inicio— iba a ser un éxito, principalmente porque sus promotores no iban a parar jamás.

Hoy observo con orgullo cómo *Emprende* ha sido premiado trece veces en menos de un año; el último premio que ha recibido es la Antena de Plata, hace poco menos de un mes antes del cierre de este libro. Observo cómo *Emprende* está presente en los eventos sobre emprendedores más relevantes de nuestro país. Hace unas semanas, el 17 de marzo de 2015, coincidí en uno de ellos con una joven emprendedora, ganadora de uno de los premios concedidos por Aula2020 en Casa de América, en Madrid, con la asistencia de S. M. el rey Felipe VI. Me contaba María del Carmen —la emprendedora— cómo un día cualquiera, mientras veía desde su casa el programa, pensó: «yo tengo que hacer algo». Y lo hizo.

Sospecho que esa vez era yo la persona a la que se le iluminaba la mirada.

Hace apenas unos meses, Juanma me habló de este nuevo proyecto: un libro, *Píldoras para emprender,* que nace a partir de *Emprende* y que cuenta con más de 30 expertos en diferentes áreas relacionadas con el emprendimiento y que vierten en estas páginas sus conocimientos y dan consejos en forma de pequeñas píldoras.

Me permito recomendar al lector que tenga este ejemplar entre sus manos, y que ha llegado hasta aquí motivado por su interés en emprender, que aprenda, absorba y acoja todo lo que pueda de la experiencia de algunos de los principales expertos, tanto en España como en Latinoamérica, en materias como comunicación, economía, redes sociales, emociones y *coaching,* internacionalización, formación o innovación. Todas estas píldoras han sido seleccionadas por su calidad, el conocimiento de la actividad de los expertos que hablan y el prestigio profesional del que gozan. Todos ellos tienen, además, un común denominador y es que todos han pasado por el plató de *Emprende.*

No obstante, si hay algo más importante que aprender del camino que nos marcan los expertos en emprendimiento e innovación, ese algo eres tú, querido lector. Las razones que te han acercado hasta las páginas de *Píldoras para emprender.* Tus deseos, tus ganas de emprender, de hacer algo nuevo, útil; esos proyectos a los que llevas tanto tiempo dando vueltas, esa idea que lleva meses rondando tu cabeza y que no encuentra salida sencillamente porque no tienes las herramientas necesarias.

Tú, que quieres emprender, que tienes las ganas y las ideas, eres lo importante. Los expertos, testimonios, experiencias, consejos y técnicas que encontrarás a continuación son sólo las herramientas. Tener una buena idea y muchas ganas para sacarla adelante no es garantía de éxito. Tampoco lo es el conocimiento de todas las facetas del emprendimiento. Es probable que nadie conozca todas las claves del éxito, entre otras razones porque casi siempre se nos olvida citar el factor suerte, que a menudo es decisivo. No te puedo garantizar el éxito de la idea que quieres llevar a cabo después de tener en cuenta los consejos y las experiencias que encontrarás a continuación, de lo que sí estoy seguro es de que tienes lo fundamental para fomentar una base sólida y desarrollar tu negocio de una forma exitosa: tus ganas, tu ilusión, las motivaciones te han traído hasta aquí y un buen compendio de los mejores consejos y herramientas para iniciar tu aventura.

Sergio Martín
Director del Canal 24 horas
@SergioMartinTVE

AGRADECIMIENTOS

Queremos agradecer a todos los que han participado en esta iniciativa su predisposición a hacerlo de forma desinteresada con el único objeto de facilitar a la audiencia del programa Emprende, y a los que no lo vean también, contenidos útiles que, en un momento dado, pueden ayudar a mejorar la gestión de una empresa o, incluso, salvarla si está en una situación complicada.

También, de forma muy especial, damos las gracias a tres excelentes colaboradores del programa que nos han enseñado que juventud, rigor, conocimiento y ganas de aprender van de la mano. Nos referimos a Blanca Lorduy Panadés, Jaime González Morete y Jonattan Díaz Chamizo. MUCHAS GRACIAS.

Juanma Romero y Luis Oliván

INTRODUCCIÓN.
¿POR QUÉ *PÍLDORAS PARA EMPRENDER?*

Hemos decidido publicar este libro porque nos parecía que debíamos aprovechar el conocimiento de muchos de los expertos que pasan por el programa, facilitando información y compartiendo su experiencia sobre temas muy concretos.

Así, disponemos de píldoras sobre comunicación, gestión de la empresa, internacionalización, innovación, formación y otras materias que son esenciales para el emprendedor cuando está iniciando su aventura, cuando ya ha despegado o cuando está en proceso de ampliación del negocio, ya sea en el propio país o en el extranjero.

La idea del libro surge, además, de la necesidad de combinar la vida *online* y la *offline*. No debemos olvidar que, aunque los programas de TVE se pueden ver en la web rtve.es —algo muy recomendable—, también es posible acceder a otros formatos y tener a la mayoría de nuestros expertos reunidos en un libro es un lujo al que no podíamos ni queríamos renunciar.

Las píldoras cuentan con información sobre el experto en cuestión y un código QR que nos lleva a una de las que se han emitido en *Emprende* o en *Emprende Express.*

Este trabajo es una apuesta por el emprendimiento en unos momentos en los que la cultura económica está cambiando de forma radical. Hasta hace muy poco tiempo, lo normal era que los padres quisieran que sus hijos fuesen funcionarios o trabajasen en una gran empresa. Ahora eso ya no vale. Los nuevos modelos económicos han supuesto que el empleo estable prácticamente no exista y, en su lugar, nos encontramos con el empleo incierto. Por muchos años que llevemos trabajando en una empresa, no hay forma de evitar que nos despidan en dos minutos y con una indemnización ridícula. Por eso hay cada vez más personas que se plantean de manera abierta la necesidad de emprender, montar su propio negocio, realizarse profesionalmente con algo que les haga feliz y apostar por el futuro y la creación de empleo. Porque cada emprendedor es un empleador en potencia. Y un empleador no es otra cosa que una persona que genera riqueza.

Por fortuna, ya han pasado esos tiempos en los que un empresario, que es en lo que se quiere convertir todo emprendedor, era mal visto por la sociedad, considerado un explotador egoísta y avaro.

Ahora vemos un cambio de mentalidad y se empieza a admirar a las personas que crean empresas, empleo y riqueza. No nos referimos sólo a gente conocida multimillonaria que está en la mente de todos, sino también, y principalmente, a ese loco que tiene una idea, detecta que el mercado puede tener interés en ella y se lanza para sacarla adelante.

Y se saca a flote con esfuerzo, porque raro es el emprendedor que en sus inicios no se ha pasado más de 20 horas al día trabajando. El fruto de ese esfuerzo no será sólo ganar dinero, que también lo es, sino ayudar a la sociedad. Porque todos tenemos una obligación con la sociedad y, ahora, empezamos a darnos cuenta de que el emprendedor o el empresario suele cumplir con creces con su parte.

MANAGEMENT

Ana Barreda

Marketing Manager en SociosInversores. Profesional de marketing, experta en estrategia digital, fomento de la innovación, desarrollo de negocios e internacionalización.

FINANCIA TU EMPRESA DE FORMA COLECTIVA

La financiación colectiva o crowdfunding es una nueva forma de unir emprendedores con inversores que se encuentra en un momento de despegue internacional, posicionándose en los últimos años como una de las mejores alternativas para la financiación de proyectos empresariales.

Con estos consejos quiero mostrar qué es, cómo funciona y cómo puede ayudarte el crowdfunding para encontrar inversor. Se basa en plataformas web que conectan emprendedores con inversores, personas con ideas con personas con capital. Para que te hagas una idea, en España a través de crowdfunding se han conseguido 62 millones de euros en 2014 para proyectos españoles (lo que supone un 114% más que en 2013) invirtiendo desde 500 euros.

- Emprendimiento   - Financiación   - Crowdfunding

- Startups   - Inversión

1. ¿Cómo funciona una plataforma de *crowdfunding?*

Las plataformas de *crowdfunding* trabajan con el emprendedor y con el inversor. El emprendedor envía el proyecto a través de la web, que analiza la viabilidad y, una vez aprobado, se publica en la plataforma a la que tienen acceso miles de inversores. Por otro lado, el inversor muestra interés por un proyecto o solicita proyectos con determinadas características. Una vez que ambos están interesados, pueden seguir su camino juntos.

2. Financiación con *crowdfunding.*

¿Has probado a financiar tu empresa con *crowdfunding?* Este consiste en conseguir pequeñas aportaciones para desarrollar tu proyecto. Hay un tipo de *crowdfunding* para empresas, en el que esas aportaciones pasan a ser participaciones accionariales. Si eres un emprendedor buscando financiación, ¡el *crowdfunding* empresarial puede ser tu solución!

3. ¿Qué busca un inversor?

En lo primero que piensa es en la idea y en su gestión; el inversor mirará especialmente tu plan de actuación. En segundo lugar, en el equipo promotor, saber quién hay detrás es fundamental. Y, en tercer lugar, pondrá especial atención en la propuesta de inversión: el inversor quiere saber cuál será su rentabilidad.

4. ¿Qué te puede aportar un inversor, además de dinero?

Cuando buscas inversor vía *crowdfunding,* aprovecha las ventajas que te puede aportar el nuevo inversor, como la experiencia, lo cual es una gran ventaja pues contar con un socio experimentado es, sin duda, un gran plus; el *networking:* algunos inversores, además de la inversión económica, te aportan una serie de contactos que sirven como impulso para lanzar tu proyecto; el asesoramiento, ya que en muchos casos los inversores son especialistas en determinadas áreas y pueden aportar consultoría especializada, conocimientos de marketing, asesoría en aspectos legales, etc.;

y, por último, la gestión; hay inversores que están dispuestos a participar en la gestión de la empresa, por lo que, dependiendo de tus necesidades, pueden ser de gran ayuda.

5. Tú también puedes ser inversor de *crowdfunding*.

Para invertir en empresas a través de plataformas de *crowdfunding*, ¡sólo necesitas disponer de 500 euros! Además, tú decides el nivel de involucración en la empresa que quieres tener. ¡Conviértete en inversor!

6. Claves para el éxito en tu campaña de *crowdfunding*, ¿buscas financiación?

Voy a darte algunos consejos para que consigas éxito en tu campaña de *crowdfunding*. Primero, muestra la ventaja competitiva que ofrece tu negocio, ¡diferénciate! Ten muy claro qué tipo de inversor estás buscando. Recuerda no hablar utilizando tecnicismos (igual quien te escucha no está familiarizado con esos términos), debes empatizar con quien te está escuchando y preparar bien tu discurso en función de quién tengas delante.

7. Más allá de las 3F.

El que ha tenido una idea encuentra la manera de financiarse a través de las 3F: *family, friends and fools* –amigos, familiares y «alocados»–. Ahora, con las plataformas de *crowdfunding* o financiación colectiva se amplían las posibilidades y estas conexiones van más allá de amigos y familiares, permitiendo que cualquier persona, esté donde esté, pueda invertir en tu proyecto. Es una buena solución si estás buscando financiación.

8. ¿Quién invierte en empresas vía *crowdfunding*?

Tenemos la idea de que quienes invierten en empresas son personas inaccesibles con quienes nunca conseguirías contactar. Esa concepción es errónea pues, gracias a las plataformas de financiación colectiva, cualquier ciudadano puede convertirse en un potencial inversor, sin necesidad de ser un inversor profesional. Invirtiendo desde 500 euros, puedes formar parte de una empresa.

9. Tipos de *crowdfunding*.

Podemos distinguir principalmente cuatro tipos de *crowdfunding*: de recompensas, de donaciones, de préstamo o *equity*. Para proyectos artísticos, culturales y sociales encontramos el *crowdfunding* de recompensas y donaciones, donde las personas que aportan dinero son mecenas y donantes. Pero, si tienes un proyecto empresarial, debes centrarte en plataformas de *equity crowdfunding* o *crowdlending,* en las que encontrarás financiación entre personas; en el caso del *equity crowdfunding* las personas que aportan dinero son inversores y en el de *equity crowdfunding* prestamistas.

10. Más sobre el *equity crowdfunding.*

El *equity crowdfunding* es la financiación colectiva por parte de particulares hacia un proyecto a cambio de una participación en la empresa. Este sistema supone una alternativa a la inversión tradicional dando acceso a cualquier empresa o particular a invertir en *startups* o empresas consolidadas contribuyendo así al crecimiento económico del país. El *equity crowdfunding* ofrece una vía alternativa y complementaria de financiación para emprendedores que buscan inversión para sus proyectos.

11. ¿Qué es un *business angel?*

Los *business angels* invierten su propio dinero en empresas en busca de rentabilidad; suelen aparecer en cualquiera de las etapas de un proyecto a pesar de que lo más habitual es que lo hagan en la fase intermedia. Puede tratarse de *business angel* a nivel particular o pueden organizarse en asociaciones o redes de *business angels* en las que comparten esfuerzos e inversión.

12. Cómo hacer una presentación para inversores.

Si tienes la gran suerte de presentar tu proyecto ante inversores, ¡es el momento de lucirte! Uno de los aspectos más importantes es ser conciso y original (sin excentricidades). Diferénciate de la competencia, deja claro qué haces, qué necesitas y qué ofreces.

13. ¿Qué es una ronda de financiación?

Una ronda de financiación es el proceso por el cual una empresa levanta capital, es decir, capta nuevo capital de inversores. No todas las rondas de financiación son iguales. No es lo mismo la primera, la de constitución de la empresa, en la que intervienen personas cercanas, que otras más avanzadas, en las que ya suelen comparecer los *business angels* o, más adelante, cuando ya puede entrar el capital riesgo.

14. ¿Qué es un pacto de socios?

Cuando consigues inversión, ya sea a través de una plataforma de *crowdfunding* o como de agentes privados, es muy importante contar con un pacto de socios, es decir, convenios entre los socios con el fin de regular las relaciones internas que rigen la sociedad. Los pactos de socios complementan, concretan o amplían lo previsto en los estatutos sociales y recogen cuestiones empresariales que van más allá de la norma. En el pacto de socios, cada parte tratará de cubrirse las espaldas, cada uno tiene sus propios objetivos y tratará de defenderlos.

15. ¿Por qué se da la salida o *exit* de un inversor en una empresa?

A la hora de preparar tu campaña de *crowdfunding,* debes tener en cuenta qué busca el inversor. Los inversores principalmente quieren recuperar su inversión y verla crecer. Por eso, el *exit* o salida sucede cuando algún socio sale del accionariado de la empresa. En la fase de búsqueda de inversores, normalmente no se tiene en cuenta cuál va a ser la salida de alguien de la misma, ya que se suele ver esa posibilidad lejana, pero siempre es aconsejable tener una estrategia de salida desde el inicio.

Vídeo de la experta.

Rodolfo Carpintier

*Socio fundador y presidente de Digital Assets Deployment
(DAD), la primera incubadora de negocios de Internet y
tecnología 2.0 de España.*

EMPRENDER ES POSIBLE SI SABES CÓMO

*El objetivo de estas píldoras es conseguir que los
emprendedores se centren en los aspectos más
importantes de su negocio, no pierdan el foco y
sean capaces de organizar bien sus equipos para
conseguir una empresa ganadora. Analizamos
los aspectos clave de las valoraciones y
aconsejamos cómo proceder en el desarrollo
de una empresa que exigirá varias rondas de
financiación antes de poder consolidarse, ser
vendida o preparar su salida a bolsa.*

*Desvelamos la importancia del equipo y cómo
el emprendedor tiene que hacer su mejor venta
a dicho equipo para conseguir a los mejores y
contar con la ayuda necesaria para triunfar con
el proyecto.*

• Emprendimiento   • Startup   • Emprendedor

• Equipo ganador   • Financiación

---

1. Compañeros de viaje.

Elige con cuidado a los compañeros de viaje en el proyecto. Hay que primar habilidades complementarias y equipos coherentes que sepan mejorar la probabilidad de éxito y así lo entiendan los inversores. Complementa tu equipo cuanto antes.

---

2. Contrasta la idea.

Pide opinión a amigos y familiares para empezar. Contrastar una idea con la gente más cercana, que te conoce y aprecia, es una buena forma de testar si el proyecto que queremos iniciar tiene gancho o no le interesa a nadie. Trata de que ellos inviertan algo de dinero como para poder llegar a tener una prueba realista.

---

3. Observa a la competencia.

Tienes que conocer bien el mercado en el que se sitúa tu *startup*. ¿Quiénes son los competidores? ¿Cómo se están financiando? ¿Quién les ha apoyado? ¿Qué equipo tienen? ¿Qué está pasando en ese sector en Estados Unidos? ¿Y en Europa? ¿Quiénes están ya compitiendo en España?

---

4. No pierdas el foco.

Cualquier actividad que te desvíe del foco principal del negocio debe ser cortada de raíz. Sin embargo, debes probar y medirlo todo para que no se te escapen nuevos modelos que puedan venir dictados por los clientes.

---

5. Busca al profesional adecuado.

Si tu empresa va a necesitar de gran tecnología, es clave tener un magnífico director técnico. Si vas a necesitar varias rondas de ampliación de capital, es imprescindible contar con un gran director financiero.

---

6. La internacionalización.

Planifica desde el inicio tu expansión internacional. Contrata personal de varios países en cuanto te sea posible y ten en cuenta que en Internet hay que moverse con gran rapidez, en ritmos no superiores a 3-6 meses.

7. El plan de negocio.

Un buen plan de negocio se redacta entre 40 y 100 folios, se resume en 30 transparencias y luego se tiene que sintetizar en no más de diez pantallazos. El inversor no quiere perder el tiempo. Quiere entender lo importante en los primeros cinco minutos.

8. Valoración del proyecto.

Las valoraciones son fruto del análisis del plan de negocio y del flujo de caja que produce —aunque sea teórico—, de la credibilidad del equipo, de la oportunidad de negocio, de su escalabilidad a nivel global y de la demanda de inversión en ese momento.

9. Los inversores.

Cualquier valoración se basa en los parámetros que el emprendedor ha presentado a los inversores. Es necesario ser conservador sin parecer poco ambicioso, pero hay que cumplirlos o habrá problemas en la siguiente ronda de ampliación de capital.

10. Valorar bien desde el inicio.

Conseguir una ronda de capital muy importante al inicio da tranquilidad pero hace que se pierda mucho porcentaje innecesariamente. Es conveniente planificar las ampliaciones de capital con ritmos de seis a nueve meses antes de necesitar nuevos fondos.

11. Antes de internacionalizarnos.

Antes de la expansión internacional debes tener los procedimientos de gestión bien controlados en tu propio país. Conviene contar con empleados de los países en los que te quieres implantar con seis meses de antelación ya que debes poder confiar en ellos antes de dicha expansión.

12. Cuidar a los inversores.

Tienes que cuidar a los inversores mucho antes de necesitarlos. Es importante que te vayan conociendo por eso es conveniente que les envíes con cierta periodicidad un boletín en español y en inglés para que estén informados de tu actividad antes de solicitar su ayuda.

13. Inventar el espacio.

La mejor manera de liderar un espacio es inventarlo. Existen muchas copias de los líderes que no paran de medirse con ellas y no se dan cuenta de que es casi imposible conseguir adelantar a quien ya es líder de un segmento. Es mucho más efectivo analizar bien nuestro modelo, inventar nuevos formatos y, a ser posible, inventar un nuevo espacio en el que nos posicionemos con rapidez como la referencia.

14. La tecnología «se tira» siempre.

Una gran experiencia es que la tecnología, al inicio, bien discutida y analizada por el equipo directivo termina siendo obsoleta rápidamente. Una vez conectamos a clientes y estos empiezan a dar señales de vida, aprendemos que muchos de los desarrollos que hemos pensado no sirven y, por el contrario, otros son muy necesarios porque los piden los clientes. Es aconsejable empezar con un producto o servicio mínimo, entablar conversaciones con los clientes y, con su ayuda, configurar la siguiente versión de nuestra oferta. Hacer una gran inversión inicial no es necesaria en la mayoría de los casos —aunque siempre hay excepciones—, cuando lo mínimo viable requiere cierta profundidad y clase.

15. Utiliza el *network*.

Aunque ya no existe la misma clase de ambiente que existía al inicio de Internet, sigue habiendo una buena comunicación entre emprendedores y aquellos que han triunfado antes; están muy dispuestos a ayudar, a veces sin compensación alguna, por ello, es conveniente conocer a gente del sector que pueda recomendar, en cada caso, un camino a seguir. Invierte parte de tu tiempo en hablar con otros CEO y en saber cómo han resuelto problemas que a ti se te hacen imposibles de resolver.

Vídeo del experto.

Ángel García

Profesional directivo focalizado en el mundo de emprendedores y empresas. Responsable de todas las operaciones de Parallels para el Sur de Europa.

CÓMO DESARROLLAR UN PLAN DE NEGOCIO Y EVITAR LOS ERRORES MÁS COMUNES

El plan de negocio no tiene reglas exactas y no hay leyes que lo rijan, pero si hay un aspecto fundamental e inequívoco y es que, al final de su lectura, debe transmitir un mensaje y foto futura del proyecto que queremos mostrar. Si quieres conseguir inversores, un socio o necesitas solicitar una subvención, debes conseguir que tu plan de negocio despierte el interés necesario para alcanzar tus objetivos.

Este documento es una herramienta de comunicación de venta de tu negocio y debe servir de gancho para atraer y convencer a las personas que tienen recursos para ponerlo en marcha. Para ello, te damos los pasos que tienes que tener en cuenta para su elaboración; repasamos aquellos puntos más importantes que todo plan de empresa debe contener –y que debemos adaptar a nuestro proyecto o empresa– y, también, destacamos aquellos errores que se comenten de forma frecuente para que evites así transmitir la idea de forma poco adecuada.

- Business Plan   - Plan de negocio   - Plan de empresa

- Plan de marketing   - Proyecto de inversión

1. Presentación general y propósito del plan.

Las causas que motivan la redacción de un plan de negocio pueden ser muy variadas: búsqueda de inversores de un nuevo proyecto, lanzamiento de una línea de productos, orientación del marketing de la empresa, creación de una nueva unidad de negocio, etc. Sea cual sea el objetivo, el plan de negocio debe seguir una estructura lógica y debe ser preciso, explícito, dinámico y atractivo. Ten en cuenta que en ese documento comprobarán si tienes los conocimientos necesarios sobre tu negocio y tu mercado. Ha de contener información útil, no debe faltar ningún punto importante, pero huye de tecnicismos muy complicados y elimina lo superfluo. Se recomienda una extensión en torno a las 25 páginas.

2. Realiza un resumen ejecutivo.

En este apartado se ofrecerá un resumen de la totalidad del plan que incluirá: definición del mercado, definición del producto o servicio, ventaja diferencial con respecto a los competidores, inversión necesaria y resultados previstos. Resume en una página todo el contenido del plan y escríbelo con tono optimista y seguro. El lector debe tener una idea clara del plan de negocio leyendo este capítulo.

3. Análisis de mercado.

En este capítulo debes desarrollar los siguientes puntos: definición, tipos, área geográfica y segmentación del mercado, estrategia de empresa y análisis del comportamiento del consumidor. De los puntos mencionados merece la pena definir bien el aspecto del mercado y su segmentación. Recuerda y ten muy en cuenta que, si no conoces tu mercado, el resto del plan sobra. Debes saber reflejar el comportamiento y los hábitos de cada segmento e identificar necesidades y comportamientos que la competencia no hace.

4. Análisis de la demanda.

En este apartado hay que realizar una evaluación —en cifras— del mercado y los segmentos de mercado definidos. Se debe presentar: una demanda potencial, en la que se indicará el volumen máximo de consumo que podría alcanzar un producto o servicio o línea de producto en un período de tiempo determinado; una actual que indique la demanda real que el mercado realiza de ese producto o servicio en este año o en el último año y la demanda futura, que es la previsión de evolución de la demanda del sector para el año siguiente. Por último, es importante presentar un gráfico de la evolución del negocio donde estableceremos las ventas del sector en los últimos años.

5. Análisis del entorno.

Existen una serie de factores ambientales que ejercen una gran influencia en las actuaciones y los comportamientos tanto del mercado y de los competidores como de tu empresa y de los agentes que intervienen en las relaciones comerciales. Estos ocho factores pueden ser: condiciones económicas, sociales, legales, políticas, culturales, tecnológicas, demográficas y religiosas. Debes manejar datos macroeconómicos básicos en el entorno; datos como la evolución del paro, PIB, IPC, número de empresas, cambio de divisas, renta media, construcción de viviendas, etc., son variables básicas que reflejan la coyuntura económica del país.

6. Análisis de la empresa.

Llega el momento de presentar tu empresa y, en este punto, indicaremos: antecedentes e historial, equipo directivo, objetivo estratégico, productos, puntos fuertes y puntos débiles (análisis DAFO), infraestructura, edificios, naves, etc., y capacidad tecnológica. Subraya las cualidades del equipo directivo. No olvides que los inversores apuestan por un equipo que ofrece confianza en el desarrollo del proyecto. Sé consciente de tus puntos débiles pero sólo debes dar importancia a aquellos que puedan afectar seriamente a tu negocio.

7. Análisis de la consecuencia.

Este apartado contiene una breve presentación de los competidores, sus trayectorias, recursos y estrategias. Aquí puedes introducir una serie de ratios para compararlos con tu empresa. Es muy importante hacer ver al lector que conoces a tus competidores, así establecerás una estrategia de ataque, defensa o colaboración respecto a ellos. Hay mercado para todos, no te preocupes por dar a conocer tu competencia en el informe. Establece tus diferencias y ventajas con respecto a los demás.

8. Estrategia de desarrollo.

Define de forma clara y precisa el objetivo estratégico y después las políticas de marketing mix —producto, precio, promoción y distribución— acordes con el objetivo, pero no seas excesivamente técnico. Establece las posibles estrategias: penetración o expansión en el mercado actual, incluso una retirada, y los objetivos, que pueden ser varios: por ventas, por clientes, cuota de mercado, etc. Define bien la estrategia de distribución; asigna el presupuesto de promoción necesario puesto que, si no se da a conocer, el producto no existe y analiza con cuidado la política de precios.

9. Claves del éxito del negocio.

Este punto del plan de negocio es muy importante y en él se hace una reflexión general de porqué puede tener éxito nuestro negocio. Las claves pueden ser muy diferentes, por ejemplo: alto esfuerzo publicitario, capacidad de ofrecer precios mínimos, calidad en el servicio, volumen de ventas, capacidad de innovación rápida, el factor oportunidad del mercado, el *know-how* de que dispone la compañía, el equipo humano y una distribución en exclusiva. Un buen ejemplo de la clave del éxito sería, como dice el lema publicitario, «el secreto está en la masa».

10. Análisis económico (1).

Nos encontramos ante uno de los puntos clave del plan de negocio, en el que tienes que demostrar destreza y descripción sobre los datos económico-financieros. Se debe incluir la siguiente información: previsiones de ventas para los próximos tres o cinco años, presupuesto de gastos, *cash-flow* (previsiones de tesorería) para los próximos tres o cinco años, cuenta de resultados para los próximos tres o cinco años e, igualmente, si dispone de años anteriores y balance de situación de los próximos tres o cinco años y también de los años anteriores, si se dispone.

11. Análisis económico (2).

Haz una descripción breve de los datos más importantes mencionados: la previsión de ventas se basa en las expectativas de demanda, compara la demanda actual con la futura y analiza su evolución en los últimos años. Según las previsiones de ventas deseadas, calcula la cuenta de resultados, que nos indicará el beneficio a obtener en base a las ventas previstas. El balance de situación es el informe contable que refleja la situación patrimonial real de la empresa.

12. Necesidades de financiación y conclusión.

A menudo, en la redacción del plan de negocio no se detalla la fuente de financiación y es la clave de suministro de tu empresa. En él se definirán las aportaciones de capital necesarias para el funcionamiento del negocio, tanto las iniciales como posteriores. Asimismo, se definirán las fuentes de financiación que son básicamente: aportaciones de socios, inversores, entidades financieras, subvenciones entidades públicas y otras fuentes que tengan carácter de aportación. Si deseas tener esta guía completa y encontrar herramientas de apoyo para el desarrollo de tu plan de negocio, puedes visitar la siguiente dirección: www.plandenegocio.es.

Vídeo del experto.

Elena, María y Natalia Gómez del Pozuelo

Elena Gómez del Pozuelo. Emprendedora en serie en Internet. Algunos de sus proyectos: BebeDeParis, Womenalia, Increnta, Incipy, Inesdi, Miximoms, Misoky y Brainsins.

María Gómez del Pozuelo. CEO de Womenalia. Entusiasta de la capacidad de las mujeres y de los hombres que creen en ellas. Padel victim. Madre de tres hijos.

Natalia Gómez del Pozuelo trabajó como directiva hasta que decidió seguir su pasión: la escritura. En sus libros y conferencias, trata de divertir(se) comunicando.

EMPRENDER EN LA ERA DIGITAL

Emprender es, de alguna manera, como ser madre: uno se lanza a ello de forma inconsciente; tal vez es una estrategia de la madre naturaleza o de la economía porque, si uno supiera de verdad en lo que se mete, no lo haría. Y, una vez que está el «niño» en el mundo, ya no hay marcha atrás, ya vamos a poner toda nuestra energía y nuestro cariño para que vaya todo lo mejor posible.

Partiendo de esta base, no es fácil dar consejos ya que cada persona y cada mercado son un mundo, pero hemos tratado de plasmar en estos pequeños textos nuestra experiencia de emprendedoras y poner el foco en aquello que creemos imprescindible o en lo que a nosotras nos ha dado resultado en la creación de las diferentes empresas que hemos contribuido a crear, intentando centrarnos en lo esencial de cada una de las fases de un nuevo proyecto para que os pueda servir para fijaros en lo más importante y descartar aquello que tendría una menor incidencia. No olvidéis que el emprendimiento es una cuestión, como la paternidad, de dedicación, cariño y mucha paciencia o perseverancia.

Desde estas páginas os deseamos que vuestros «niños» crezcan sanos y tengan una larga y feliz vida.

• Perseverancia   • Colchón financiero   • Testar

• Viabilidad   • Adaptación

1. ¿Un emprendedor tiene un perfil determinado?

Elena: Cuando me preguntan qué es lo que debe tener un emprendedor para lograr el éxito, repito una frase de Steve Jobs que decía: «estoy convencido de que lo que separa a los emprendedores exitosos de los que no triunfan es la perseverancia». Un emprendedor ha de ser inasequible al desaliento y buen comunicador. No hace falta que sea un gurú, pero sí debe saber enamorar con su idea a clientes, equipo e inversores. Como dice un gran empresario, Juanjo Azcárate: no ha de tener «ni miedo, ni pereza, ni vergüenza».

Natalia: Otro factor fundamental es desarrollar la capacidad de escucha porque, aunque es cierto que el emprendedor necesita tirar del carro hacia delante sin desfallecer, debe tratar de evitar los posibles obstáculos que puedan aparecer y, para ello, conviene que escuche con atención a sus clientes, al mercado, a los inversores y a personas objetivas y con experiencia en el sector que le digan las verdades que necesita oír para que su negocio no se quede sólo en una ilusión.

María: Y, desde el punto de vista práctico, es muy necesario que su entorno le apoye al 100%: familia, marido o mujer, novio, padres, cada uno en función de su situación. Ya que desaparecerá durante tres años y la ocupación que llenará todo será el trabajo. También debe saber que va a ser una etapa dura a nivel económico y conviene tener previsto que al principio no habrá ingresos y que se necesita un colchón financiero. Pero, si confía en sí mismo y no tira la toalla, los resultados llegan.

2. ¿Cómo saber si tu idea de negocio puede dar resultados?

Elena: Para que un emprendedor pueda analizar si su idea es buena debe pensar en si cumple las siguientes condiciones: tiene que resolver un problema o responder a una necesidad y que se la resuelva a un número grande de personas; la gente debe estar dispuesta a pagar por ello y tiene que ser escalable e internacionalizable. Esto significa que, con un poco más de presupuesto, se pueden generar, gracias a la tecnología, muchos más ingresos.

Natalia: Además, conviene tener en cuenta que la idea de negocio no es el punto de llegada o algo que debemos alcanzar, sino el punto de partida. El cómo evolucione y dónde termine esa idea dependerá de cómo la reciben los demás y cómo se desarrolle a lo largo del tiempo cuando interactúe con la realidad. Steve Jobs no tenía en mente el iPhone cuando creó Apple, fue un desarrollo posterior que se generó por las necesidades del mercado.

María: Una vez que tienes la idea compártela con personas de tu entorno y profesionales que sean de verdad objetivos. Si estás pensando en una patente o un producto, hay una web que se llama Quirky que te acompaña en todo el proceso hasta su producción y te quita todas las complicaciones.

3. El *naming*, la marca y los dominios: tu cara visible.

Elena: El *naming* de una marca sólo se hace una vez en su vida y será el corazón de tu negocio. ¡No puede fallar! Coge papel y lápiz y deja fluir los días, las semanas y vete anotando. Busca una marca que sea única e inimitable. ¿Qué sensación quieres dar a la gente cuando piense en tu negocio? Búscala simple y que perdure en el tiempo, corta, fácil de recordar y piensa en el SEO. Los dominios que incluyen palabras clave de búsqueda son básicos para posicionar bien en Google.

Natalia: Asegúrate también de que tu marca funcione en cualquier idioma y que no sea muy difícil de pronunciar y escribir. Una vez que tengas un posible nombre y que hayas comprobado que los dominios están disponibles, haz pruebas de concepto. Mándasela a diferentes personas, tanto a tu público objetivo como a personas completamente diferentes, y hazles un pequeño cuestionario para comprobar qué les sugiere y si resulta fácil de recordar.

María: Si la marca define el negocio, te facilitará mucho la comunicación posterior. Si no es así, puedes acompañarla de un buen lema. Recuerda

35

también que no se trata sólo de un nombre. En la imagen que vas a generar influyen también el tipo de grafismo que utilices, el logotipo, los colores... Todo contribuye a provocar una determinada sensación en las personas que lo vean. En el caso de Womenalia, fue muy importante elegir un buen avatar.

4. La financiación: el alimento necesario para la supervivencia.

Elena: Empieza apostando tú por tu proyecto. Nadie va a invertir en él si tú y tu entorno no lo hacéis y si no te dedicas el 100% de tu tiempo. Es difícil emprender conservando un puesto seguro y sin dar el salto y arriesgarse. Se valora mucho por parte de un inversor si el emprendedor ya ha tenido éxito en otros proyectos empresariales, porque habrá demostrado ser un buen gestor. Cada vez es más frecuente encontrar lo que se llama «emprendedores en serie».

Natalia: Los inversores apuestan por las personas, no por las ideas; por tanto, cuida tu marca personal como emprendedor ya que es un factor clave para conseguir financiación. Además de los fondos propios o los de familiares y amigos, existen diferentes vías de financiación: entidades financieras, préstamos participativos, los *venture capital*... Y hay nuevas formas de conseguir recursos como el *crowdfunding,* en el que mucha gente pone un poquito.

María: Otras alternativas serían: los *business angels* o la financiación pública como, por ejemplo, Enisa. También existen foros de inversores que te pueden ayudar; muchas escuelas de negocios los tienen. También Madrid Emprende u otros expertos que te pueden ayudar a conseguir financiación. Existen otras alternativas como participar en premios, la iniciativa Wayra de Telefónica o la *startup competition* de Womenalia... Nosotros lo hicimos así y funcionó.

5. El cuidado de la tesorería.

Elena: Hay una frase que define bien este aspecto: *«no cash, no business».* Al principio, economiza en todo. Mejor tener la oficina en tu casa y no gastar en nada que no sea absolutamente productivo. Cada euro es importante. No gastes en muebles ni en cosas que no sean estrictamente indispensables para el desarrollo de tu negocio y, antes de contratar a alguien, intenta colaborar con él como autónomo para conocerle.

Natalia: Uno de los errores que cometen muchos emprendedores es gastar demasiado rápido cuando cierran una ronda de financiación: contratan a un *supergurú* o invierten en una gran campaña publicitaria. Recuerda utilizar los recursos muy poco a poco y haciendo primero pruebas pequeñas para asegurarte de que lo vas a invertir en algo que dé resultados. En cuanto a las personas que se sumen al proyecto, conviene que sus salarios dependan de los resultados.

María: La tesorería es uno de los aspectos más críticos para la viabilidad de cualquier negocio que empieza; por tanto, es necesario: tener prevista siempre la caja a cuatro meses vista sin riesgo, gastar lo mínimo, no abrir oficina hasta que no se vea que va a funcionar, empezar en un vivero de empresas —que es muy barato y se pueden intercambiar horas y conocimiento con otros emprendedores— y ser muy creativo para gastar lo justo.

6. El plan de negocio: un mapa que representa el camino.

Elena: Ten en cuenta una cosa: los planes de negocio, en las empresas que empiezan y durante los primeros años, no suelen cumplirse. Por lo general, tendrás menos ingresos de los previstos y más gastos de los que pensabas. Lo más costoso es el equipo que has de contratar y el marketing para dar a conocer tu negocio. Cuando vayas a hacerlo, intenta ser muy prudente y muy realista.

Natalia: Piensa que el plan de negocio es como un mapa: representa un camino que explica por dónde van a venir los ingresos o qué gastos hay que hacer, pero no representa la realidad. Aun así, es un elemento imprescindible para que el emprendedor «aterrice» la idea y reflexione de forma realista sobre el negocio. Cuando hayan transcurrido varios meses del negocio real, conviene revisarlo y ajustarlo en función de los resultados.

María: Tu futura credibilidad como emprendedor está muy vinculada al cumplimiento del plan de negocio, por tanto, es fundamental tratar de hacerlo lo más realista posible y a cinco años. El modelo que está utilizando el 80% de las *startups* del mundo es el Canvas. Cuando lo tengas preparado, incrementa los gastos un 25% y quita otro 25% a los ingresos y compártelo con un financiero experto. Te ayudará a pulirlo y a que se ajuste a lo que necesitan ver los futuros inversores.

7. Los socios: compañeros de trabajo y de valores.

Elena: Es muy importante que los socios tengan valores similares en aspectos fundamentales como la honradez, la dedicación y la capacidad de trabajo ya que, cuando uno emprende, se enfrenta a situaciones de estrés y el trabajo es muy duro. También es fundamental que den el mismo valor al dinero. Es decir, sería incompatible una persona muy generosa con otra muy agarrada. Pero, sobre todo, conviene que los conozcas muy bien como personas.

Natalia: Además de la calidad humana, es necesario reconocer que es imposible saber de todo. Si cada persona es consciente de sus habilidades, sus gustos y sus puntos menos fuertes, podrá buscar asociarse con personas que le complementen tanto en conocimiento como en experiencia.

María: Y algo que es muy necesario, además de que sean compatibles como personas y complementarios como profesionales, es que antes de asociarse con cualquier persona, por muy amigo que sea o aunque sea un familiar cercano, conviene preparar un contrato que especifique los acuerdos y tenga en cuenta las situaciones más desfavorables para fírmalo como si fuerais enemigos. Así podréis ser amigos y buenos socios para siempre.

8. ¿Cómo vas a ganar dinero?

Elena: La primera cualidad que ha de tener un emprendedor es la flexibilidad, sobre todo en el tema de los ingresos. Muchas veces la realidad no es como la habías imaginado y esos ingresos que pensabas que iban a llegar de determinada manera no llegan todo lo rápido que pensabas. En ese momento hay que utilizar la imaginación para buscar nuevas líneas de ingresos y tener cintura para adaptarte a lo que quieran tus clientes, aunque no lo entiendas.

Natalia: Será más fácil conseguir ingresos si piensas en tu negocio en función del problema que solucionas a las personas. Puede ser un problema práctico o que tu producto o servicio ayude a la gente a ser más feliz o a estar más segura, a lograr sus metas o a tener más tiempo. Pero no olvides nunca que debe ser algo por lo que estén dispuestos a pagar. Una encuesta previa te puede ayudar a definir si es así y la cantidad que pagarían.

María: Es fundamental definir muy bien tus líneas de ingresos: lo ideal para arrancar es tener por lo menos tres, por si te falla alguna. Esto debería estar bien definido y validado en tu modelo de negocio. Haz pruebas, pruebas y más pruebas. Conviene ser muy creativo y estar abierto a otras posibilidades que te pueden ayudar al principio, pero no pierdas el foco, ya que podrías desviarte demasiado de tu negocio.

9. Público objetivo: aquellos que pagan.

Elena: Cuando empezó LinkedIn, estaban convencidos de que lo que les traería más ingresos eran los usuarios. Ahora, más del 50% de su facturación proviene de alquilar su herramienta de empleo a empresas con marca blanca. Tampoco Facebook quería llevar publicidad y ahora es su principal fuente de ingresos. Nunca sabes hacia dónde te va a llevar el mercado. Lo importante es la capacidad de adaptarte.

Natalia: Tu público objetivo son aquellas personas que pagarán por tu producto o servicio o aquellas marcas que pagarán publicidad en tu sitio. Piensa, ¿es fácil acceder a ellas? ¿Las tienes claramente identificadas? Ten en cuenta que, gracias a las redes sociales y Google, conocemos lo que busca la gente en el momento exacto en que lo necesita. Cuanto más fácil sea de definir dónde encuentras a tus clientes, más posibilidades de éxito tendrás.

María: Dentro de tu modelo, te facilitará el trabajo tener muy bien definido y cuantificado tu público objetivo: edad, género, datos geodemográficos, poder adquisitivo, si son usuarios de Internet o si son los decisores de compra. El tenerlos bien definidos te ayudará a adecuar todas tus acciones comerciales para que tengan un mayor éxito.

10. Visibilidad y promoción: muestra el alma de tu negocio.

Elena: Antes una marca se construía en años y, una vez que lo había hecho, el consumidor solía ser fiel. Hoy los consumidores son mucho menos fieles, pero existe la posibilidad de llegar a ellos a través de las redes sociales, que son un medio relativamente barato, por lo que resulta ideal para las *startups*. Las empresas deben mantener una relación diaria con sus clientes a través de las redes. Hay que tener en cuenta que, para ello, tienes que respirar todos los valores 2.0: transparencia, honestidad, etc.

Natalia: Utiliza todos los medios que tengas a tu disposición para transmitir el alma de tu negocio: logotipo, web, perfiles sociales, conversación, presentaciones... Hasta tu forma de vestir habla de tu empresa y contribuye a la imagen de marca. Conviene que estos elementos resulten atractivos e inspiren sentimientos, para ello, contar una historia en torno a tu marca y a tu producto atrae y genera recuerdo.

María: El mejor relaciones públicas de una empresa es su propio CEO, por lo que, además de todo lo anterior, debes establecer relaciones con los líderes de tu sector para que hablen de tu marca, intenta dar conferencias y hablar con los medios de comunicación; apórtales contenido de valor para que te llamen a entrevistas de radio, televisión y prensa. También puedes crear un blog y darle difusión en las redes sociales y convertirte en el mayor experto en tu materia.

11. El equipo humano: el esqueleto de todo proyecto.

Elena: Tenlo siempre en cuenta: no eres nadie sin tu equipo. Tú puedes tener experiencia en un tema, pero para montar tu empresa son necesarias personas que sepan de cosas totalmente diferentes a ti. Además, ten siempre en cuenta lo siguiente: contrata despacio y despide deprisa.

Esto significa que, antes de contratar a alguien, debes asegurarte muy bien de que esa es la persona que necesitas y, si alguien de tu equipo no funciona, cuanto antes se vaya, mejor. La gente no suele cambiar y necesitas a todos al 100%. No malgastes recursos.

Natalia: Rodéate de gente buena y consigue que se sientan como los héroes de una gran aventura. Esto te lo puede facilitar el *storytelling* y es exactamente lo que hizo Steve Jobs: convencer a sus colaboradores de que ellos eran la única salvación del mundo contra el gigante monopolio de IBM. La base fundamental para que funcione el *storytelling* es que sea auténtico. Así lograrás que entre todos se consigan resultados que al principio parecían imposibles.

María: Rodéate de personas que tengan también perfil emprendedor o im-prendedor y que hagan suyo el proyecto. Contrata a los mejores, sobre todo en las posiciones críticas: ventas, finanzas y tecnología (si fuera un proyecto tecnológico). En finanzas se puede empezar con alguien a tiempo parcial. Pide referencias, ponles a prueba, entrevístales con tus socios. Los cinco primeros años son muy duros, hay que dejarse la piel y tienes que estar enamorado de lo que haces.

12. La tecnología: imprescindible en (casi) cualquier negocio.

Elena: La mayoría de la gente no es especialista en tecnología. Para un proyecto basado en Internet, esto es vital. Es esencial acertar con el equipo técnico. Habla con clientes con los que hayan trabajado los informáticos y cerciórate de que han quedado muy satisfechos. Firma un contrato con penalizaciones si hay retrasos, porque, tenlo en cuenta, siempre hay retrasos.

Natalia: Piensa que el mundo está deslocalizado geográfica y temporalmente. Puedes tener tu equipo técnico en India, el centro de atención al cliente en Argentina y la agencia de publicidad en Dinamarca. Establece mecanismos para que esto funcione y así no te cargues de estructura ni de gastos fijos. Las empresas están dejando de ser contratantes de personas y han pasado a ser redes de profesionales asociados, en las que el crecimiento de cada uno implica el crecimiento del conjunto.

María: Si quieres montar una empresa tecnológica y no eres ingeniero informático, busca al mejor. Esto puede hacer que tu *startup* sea un éxito o un fracaso. Pide siempre referencias y que sea una persona enfocada 100% al negocio.

 Vídeo de las expertas.

Silvia Leal y Jorge Urrea

Silvia Leal es experta en e-liderazgo y energía innovadora. Asesora de la Comisión Europea, conferenciante y autora de Ingenio, sexo y pasión.

Jorge Urrea es experto en liderazgo consciente y energía individual y organizacional. Especializado en mindful management, conferenciante y autor de Ingenio, sexo y pasión.

CONSEJOS PARA ALCANZAR EL INNO-LIDERAZGO (INNOVACIÓN + INSPIRACIÓN)

Para emprender con éxito hay que incorporar la innovación y atención plena (mindfulness) como parte del estilo de vida personal y profesional. Debemos aprender a agudizar el ingenio, a rentabilizar lo que nos hace especiales y, por supuesto, a sacar toda nuestra energía emprendedora. Aquellos que lo hagan estarán preparados para el inno-liderazgo y escribirán el futuro de los mercados. ¿Te atreves? Si la respuesta es sí, toma buena nota de nuestras recomendaciones porque te prepararán para triunfar.

- Innovación   • Tecnología   • Emprendimiento
- Coach   • Liderazgo

1. Pasión.

Silvia: La pasión determina cerca del 35% de las probabilidades de éxito en una acción. A pesar de ello, el 85% de las personas van a trabajar en cuerpo pero no en alma. Apasiona y apasiónate. Busca motivos para no vivir tu vida como si estuvieras de paso. Serás más eficaz y eficiente, pero también más feliz. Triunfarás, brillarás y los demás querrán acompañarte.

Jorge: Parece que tanta meditación y perspectiva ecuánime como yo predico está ausente de pasión, pero la verdad es que lo uno no puede ser sin lo otro. La pasión es el verdadero motor de nuestras vidas y permite el impulso del que luego aprender con perspectiva.

2. El miedo.

Silvia: No cierres los ojos. Identifica tus miedos. Obsérvalos. Míralos de cerca y busca respuestas: ¿cómo han podido llegar hasta ahí? El miedo es un mecanismo imprescindible para la supervivencia. Es una emoción que puede protegernos. Por ello, cuando lo sientas dentro de ti, tenlo muy presente: el miedo no es malo. Todos tenemos miedo, es humano. El problema es no saber gestionarlo.

Jorge: La fortuna sonríe a los valientes, no porque sean osados o inconscientes de sus miedos, sino porque saben sostenerlos y, al mismo tiempo, enfrentarlos. Para ello, es fundamental distinguir amenazas reales de fantasías y tomarse la vida con humor, un auténtico remedio contra tantos miedos y bloqueos.

3. Fracaso inteligente.

Silvia: No tengas miedo a fracasar, pero hazlo siempre de forma inteligente. Si eres capaz de superar tus caídas y de extraer nuevas lecciones vitales de cada una de ellas, se convertirán en tus mejores aliadas. Winston Churchill lo tenía muy claro: «el éxito no es definitivo, el fracaso no es fatídico. Lo que cuenta es el valor para continuar».

Jorge: Sólo el que aprende bien de sus errores no los repite. Sólo un necio se empeña en cometer el mismo error toda la vida y, por ello, únicamente saca una lección. Los mayores sabios que he conocido se metieron en grandes charcos de los que siempre aprendieron. Deja de intentar ser perfecto.

4. Fugas de energía.

Silvia: La investigación científica evidencia la necesidad de una buena autogestión de la energía individual para liderar al máximo nivel. Sin embargo, mira a tu alrededor: ¿cuántas personas conoces que se preocupen por cuidar su energía? ¿Cuántas que cuiden de no malgastarla o de canalizarla correctamente? ¿Te encuentras tú aquí? Si la respuesta es no, asegúrate de eliminar tus fugas energéticas o mucho me temo que te impedirán llegar lejos.

Jorge: Lo que no suma resta. Revisa todo lo que no te nutre y descubrirás con sorpresa muchas cosas tóxicas. En ese momento no temas recortar amistades, lugares, sonidos, actividades, actitudes... Para que entre lo nuevo, primero debe salir lo viejo.

5. Autoconocimiento.

Silvia: Debemos aprender cosas nuevas cada día. Sin embargo, el mayor aprendizaje se hace desde la desestructuración de uno mismo y la posterior reestructuración desde nuevas perspectivas. Preguntas como cuáles son mis mecanismos automáticos, mis falsas percepciones o mis propias proyecciones en los demás, te darán la conciencia que necesita un buen líder y te fortalecerán.

Jorge: Elige compañeros de viaje que te ayuden a verte. Escucha con atención y humildad todo lo que te digan de ti mismo. Se me ocurren dos ejemplos para aprender desde dentro: recita en voz alta todo lo que se te pasa por la cabeza, emoción o sensación durante cinco minutos, observando sin juicio ni elaboración quién eres y lo que te pasa; y, por otra parte, reconoce tus límites y explora fuera de ellos amablemente para expandirlos.

6. Rentabiliza tus diferencias.

Silvia: Lo que te hace distinto de los demás te hace rentable. Por ello, debes dedicar el tiempo que sea necesario a encontrar la respuesta a la pregunta: ¿cuál es tu valor diferencial? Cuando lo hayas localizado, muéstralo, no lo escondas. Todos sabemos que no siempre será fácil hacerlo. Es un riesgo natural en tu camino hacia el inno-liderazgo. Tenlo muy presente y no lo temas, adelántate a él y triunfarás.

Jorge: Así como la sensación de pertenencia, de no diferenciación, es importante dentro del equipo, también lo es el respeto y aprecio de la diversidad, de lo que nos hace únicos. Cuando lo encuentres en ti, permanece fiel a ello, incluso si es loco, sólo los que se atreven a enloquecer ven a Dios.

7. El valor de las nuevas tecnologías.

Silvia: La evidencia está ahí; hoy la innovación es esencialmente tecnológica. Por ello, si aspiras a convertirte en un inno-líder sostenible, no podrás prescindir de ella. Ahora sé objetivo y reflexiona: ¿qué papel juega en tu vida? ¿Estás cómodo con ella? ¿La temes o, por el contrario, es tu aliada? Si aún no lo es, cambia el chip. Sin la tecnología no lo podrás conseguir.

Jorge: Busca una motivación para vencer la resistencia y lánzate al nuevo océano. Bucea, disfruta de las olas y de las corrientes, haz turismo, contacta y retírate, compra, vende y aprende. Hoy está todo al alcance de un clic. Al mismo tiempo, sal de lo tecnológico a menudo y a tiempo para no olvidar a qué sabe la realidad que no está reproducida tecnológicamente.

8. Hacer sombra.

Silvia: No temas a los demás. Si puedes elegir, en tu equipo incorpora siempre a los mejores. Rodéate de ellos. No les hagas sombra, por el contrario, sé inteligente y dásela, dales cobijo. Si reconoces públicamente sus éxitos y les apoyas cuando fracasen, se convertirán en tus aliados incondicionales y te harán más fuerte.

Jorge: Además de darles luz (o sombra, según convenga), dales esperanza y alas; que puedan cazar lejos y traer piezas a la tribu. Si, por el contrario, les encierras en urnas de cristal tan pequeñas como tú mismo, los buenos se asfixiarán o se irán y sólo podrás mantener a los mediocres.

9. Para la innovación: ingenio y pasión.

Silvia: La innovación no es fruto directo de la financiación sino el resultado de la energía creadora de las personas. Por ello, hay que aprender a gestionar con eficiencia el capital intelectual y la energía creativa, la propia y la de los demás. ¿Una fórmula infalible para hacerlo? Aprende a agudizar el ingenio y a desatar la pasión por la innovación.

Jorge: Movimiento y conciencia. Humildad y autoestima para crecer o decrecer y entrar por todas las puertas por las que tendrás que pasar en tu viaje, como Alicia en el país de las maravillas.

10. Activar el ingenio.

Silvia: Si quieres inno-liderar, asegúrate de agudizar tu ingenio, de fomentar el funcionamiento de los dos hemisferios de tu cerebro y de fortalecer las conexiones existentes entre ambos. ¿Por dónde empezar? Tienes cientos de técnicas a tu alcance. Comienza por conocerlas y, si no te convence ninguna, escribe la tuya. Si a ti te funciona, no busques más. Será la buena.

Jorge: Si sientes que se te da bien hacer algo de una determinada manera, prueba a hacerlo también de la forma contraria y aprende de la experiencia. Por ejemplo, escribir con bolígrafo sin razonar ni buscar nada, de manera libre, con los pensamientos «que nos vienen a una mano y a la otra». Cuesta porque no tenemos costumbre, pero descubriremos que el inconsciente aflora y nos da claves, por ejemplo, lo que tiene que decir nuestro apasionado niño interior, al que mejor tener contento si no queremos quedarnos dormidos.

11. Técnica de activación.

Silvia: La meditación influye sobre las ondas cerebrales alfa y theta. Por ello, facilita la concentración y proporciona agilidad mental. Además, fomenta la autorregulación organísmica y, por si fuera poco, aumenta la sensación de felicidad. Si quieres innovar, necesitarás un cerebro de alto rendimiento y una energía corporal que no podrás conseguir de mejor manera. ¿Necesitas más motivos para empezar?

Jorge: Siete claves, llaves o chakras. Empieza por caminar golpeando fuerte el suelo, para sentir la respuesta de la tierra y activar tu sensación de pertenencia. Sigue moviendo la cadera, buscando el placer de fluir con los cambios vitales. Luego respira profundo moviendo todo el pecho e, incluso, el digestivo, sosteniendo y trascendiendo la emoción. Pasa a expresar tu verdad, mira más allá y confía en que el trabajo está hecho y tu misión cumplida.

12. El tiempo.

Silvia: El tiempo es un recurso escaso, limitado y limitante. Es, además, un elemento inelástico, perecedero, no almacenable y no intercambiable. Es el recurso más valioso que tenemos. A pesar de ello, son muchos los que viven su vida como si fuera para siempre. Si de verdad quieres ser un buen líder, no olvides nunca la advertencia de Peter Drucker: «si no se gestiona bien, nada estará bien gestionado».

Jorge: Abraza la muerte y llévala como compañera de viaje. Es buena consejera para que no malgastes tu vida. Igualmente, permite que el tiempo y la vida pasen por ti, no te quedes rígido resistiendo y negando su paso.

13. Autoestima.

Silvia. Cuida tu autoestima. Si caminas cabizbajo, los demás pensarán que te pesa la vida, que no te quedan fuerzas y que estás agotado. Casi todos buscamos personas que nos carguen de energía vital y huimos de aquellas que nos lastran. Por ello, si quieres liderar, desarrolla una autoestima sana y muéstrasela al exterior. Te hará más atractivo personal y profesionalmente y conseguirás que te sigan.

Jorge: De nada sirve una vida sin corazón ni disfrute, que justo son la consecuencia y la base de la autoestima. Si quieres tener una buena autoestima, encuentra la manera de disfrutar de tu vida cada día. Si quieres amar, sólo lo puedes hacer queriéndote primero a ti mismo.

14. Optimismo.

Silvia: El optimismo es una actitud mental que acompaña a las personas de éxito. Está científicamente demostrado que influye sobre nuestra salud (física y mental), sobre el terreno social y, por supuesto, sobre el desempeño académico y profesional. Por si fuera poco, es contagioso. ¿Crees que es algo de lo que puedes prescindir? No lo es, sé optimista y sonríe. Puedes elegir y te hará el camino mucho más fácil.

Jorge: A menudo es más fácil llegar a una polaridad probando un poco la toxicidad de la contraria. Prueba durante unas horas a meterte hasta el fondo en el pesimismo y experimentarás las consecuencias sobre tu felicidad, rendimiento, relaciones... Cuando vivas con conciencia el pesimismo y su toxicidad, no tendrás ni que proponerte salir de él, serás un optimista convencido.

15. La escucha.

Silvia: Desde las etapas más tempranas de la infancia nos enseñan a escuchar, pero ¿nos enseñan a hacerlo bien? Según investigaciones recientes, cerca de un 35% de la comunicación proviene del contenido verbal, mientras que el 65% restante es el resultado del lenguaje corporal, lo que evidencia la importancia de escuchar con los ojos muy abiertos. Hazte la siguiente pregunta: ¿sabes escuchar de verdad?

Jorge: Además, escuchar lo de fuera debe ser simultaneado con la escucha interna. ¿Qué me pasa con lo que me están contando? ¿Se me encoje el estómago, me pica la garganta, me da dolor de cabeza? ¿Qué tiene que ver su discurso conmigo? Si aprendemos de nuestra propia capacidad de resonancia, sacaremos grandes lecciones de vida allá donde vayamos.

16. La mirada.

Silvia: Aprende mucho tanto de tus éxitos como de tus fracasos, pero mira siempre al frente. Si lo haces, superarás y rentabilizarás tus fracasos de forma inteligente. Si, por el contrario, has tenido muchas experiencias positivas, te mantendrá alerta y con la atención constante que necesita el liderazgo sostenible en estos momentos de aceleración histórica de los que no se libra nadie.

Jorge: Para tener una mirada verdaderamente profunda necesitarás de momentos de cerrar los ojos y revisar sensaciones, frío, tacto, piel, sabor, hormigueo en la columna, mariposas en el estómago... Si con toda esa información no tomas decisiones, eres un loco y tu vida será una locura. ¿Es lo que quieres?

17. *Locus* de control.

Silvia: ¿Cuál es tu percepción de control sobre tu propia vida? ¿Sientes que gobiernas o que la gobiernan otros por ti? Asumir la responsabilidad de los propios actos está relacionado con el olfato para el mundo de los negocios, pero también con su exitosa ejecución. Si quieres liderar, coge las riendas de tu vida, no se las entregues a los demás.

Jorge: En vez de animarte a gobernar tu vida, te propongo un experimento: da la responsabilidad de tus decisiones durante una semana a los demás; pregunta indiscriminadamente a otros lo que quieres comer, beber, cuando dormir, a quién y cuándo besar o dónde trabajar. La propia frustración será un resorte para dejar de hacerlo.

18. Formación.

Silvia: La formación consume tiempo, recursos y tiene un claro coste de oportunidad. Por este motivo, son muchas las personas que no la incorporan como parte de su apuesta personal individual. Sin embargo, si quieres ser un inno-líder, para ti no es una elección. Toma buena nota de esta frase: sin formación no hay innovación.

Jorge: Forma y deforma, mete y saca, llena y vacía. Sólo así podrás encontrar a tu maestro interior que, una vez bañado por muchos maestros, se enfrenta desnudo a la verdad y la defiende. Hacer el camino solo es arrogante y estéril. Busca y encuentra buenos facilitadores con los que vivir, comprender y aprehender.

19. La soledad.

Silvia: La aventura de la innovación es larga y, si la eliges, serán muchos los enemigos a los que tendrás que enfrentarte. Hacer las cosas exactamente así, a su manera, les ha permitido llegar lejos y se sienten seguros. ¿Por qué van a hacerlas de otra forma? Demuéstrales que es un camino rentable y que ellos también lo pueden recorrer con éxito. Si lo consigues, tendrás menos enemigos y, además, su energía te robustecerá durante el resto del viaje.

Jorge: Aliarse con la falta de visión y la resistencia al cambio de los que te tienen que dar el paso es fundamental. Una actitud altiva y arrogante sólo despierta rechazo. Sin embargo, tu fe y pasión para ofrecer algo nuevo, de la mano de la humildad para reconocer que necesitas al otro, te llevarán tan lejos como a Colón que, después de arrodillarse ante los Reyes Católicos para que le financiaran aquella innovación, llegó a América.

20. Los enemigos.

Silvia: Por supuesto, es mejor que no los tengas y, si es inevitable, cuantos menos tengas, mejor pero... ¿quién no los tiene? Los celos, la envidia, la ambición o el miedo están muy presentes y, si destacas, en algún momento serán los responsables de que te los encuentres. Por ello, elígelos muy bien y no olvides nunca que, como nos advertía Jorge Luis Borges, «tarde o temprano acabarás pareciéndote a ellos».

Jorge: La mejor batalla es la que nunca se libra porque ambos contendientes se dan cuenta de quién la va a ganar por adelantado. Si no eres capaz de verlo antes, lucha y aprende de lo que tu enemigo tiene que enseñarte. Después, dale las gracias con humildad y desapégate de él para seguir en paz y armonía.

Vídeo de los expertos.

Nuria Marcos

Directora general de PONS Patentes y Marcas Internacional. Interesada en todo lo relacionado con propiedad industrial, innovación, competitividad y estrategia empresarial.

CLAVES PRÁCTICAS PARA PROTEGER TU INNOVACIÓN

En un entorno cada vez más globalizado e interconectado, con la información fluyendo cada día más deprisa y la competencia siempre al acecho, es crucial para garantizar la propia supervivencia empresarial disponer de una estrategia que te permita proteger de manera adecuada esa innovación y sus resultados. Con estos breves consejos quiero ofrecer las principales claves a tener en cuenta para proteger la innovación en la empresa desde el ámbito de la propiedad industrial.

- *Propiedad industrial*   - *Marcas*   - *Patentes*

- *Diseños*   - *Innovación*

1. ¿Qué se puede proteger a través de marcas, patentes y diseños?

Las marcas son signos, bien denominaciones o gráficos, que ayudan a distinguir en el mercado unos productos o servicios de otros similares ofertados por otras empresas. Las patentes protegen invenciones consistentes en nuevos productos o procedimientos susceptibles de reproducción y reiteración con fines industriales. Los diseños protegen la apariencia externa de los productos, la estética de los mismos.

2. El registro de la marca: fases y procesos.

El registro comienza con la presentación de la solicitud ante la oficina pertinente según el alcance territorial de la marca. Esta hace un examen de forma y de fondo, aunque este último lo puede hacer más adelante, y publica la solicitud, abriéndose así el período de oposición. Después, si no hay suspensos, se concede la marca; si hay, habrá que contestar a los mismos y esperar la resolución oficial.

3. ¿Cómo construir una marca fuerte?

Ha de cumplir con tres funciones que son: dar a conocer al consumidor el origen empresarial, indicar la calidad del producto o servicio y garantizar el buen hacer o *goodwill*. Para conseguirlo hay que comprobar la viabilidad registral de la marca en los países de interés, presentar la solicitud de registro con suficiente antelación y elegir marcas sencillas y fáciles de recordar en diferentes idiomas si hay idea de internacionalización.

4. Ventajas del diseño industrial.

Protege la forma externa innovadora de los productos. Engloba tanto las formas bidimensionales (dibujos) como las tridimensionales (modelos) o una combinación de ambas. Sólo tiene relevancia la forma externa. Los diseños han de cumplir con la novedad y han de tener carácter singular. La ventaja es que otorga exclusividad al titular por un máximo de 25 años.

5. Consejos antes del registro de patentes.

Es muy importante no divulgar la invención, la novedad (que no esté comprendida en el estado de la técnica) es un requisito indispensable, así como la actividad inventiva (que no resulte obvia para un experto) y la aplicación industrial. Así también, será importante tener en cuenta qué cosas no se pueden proteger como patente (como, por ejemplo, métodos, teorías científicas, obras literarias o artísticas, los descubrimientos, los modelos de negocio, etc.).

6. Internacionalización y propiedad industrial.

En propiedad industrial rige el principio de territorialidad, es decir, la protección de una marca, patente o diseño industrial sólo confiere derechos exclusivos en el territorio donde se ha protegido. Si lo haces en la OEPM, sólo los tendrás en España. Si tu empresa empieza a trabajar fuera del territorio nacional, es necesario previamente que establezcas una estrategia que te permita hacerlo con garantías. Hay que conocer cuáles son sus mercados potenciales y, en función de los mismos, se optará por una protección nacional, comunitaria o internacional.

7. ¿Cómo defiendo legalmente mis marcas y patentes?

Lo primero de todo, salvo excepciones como las marcas notorias y renombradas, es tener correctamente registrado el signo distintivo o la invención, pues este registro te va a otorgar un derecho de exclusión con el que impedir su explotación por parte de terceros, bien en vía administrativa o judicial en ámbito civil y penal.

8. ¿Cómo proteger el nombre de mi empresa en Internet?

Registrándolo como nombre de dominio, tanto territorial (.es, .fr) como con carácter genérico (.com, .net) o bien la actividad de la empresa a través de los nuevos dominios genéricos sectoriales (.hotel, .shop). Otra opción, complementaria a la anterior, es proteger el nombre como marca validándola en el Trademark Clearinghouse, que permite acceder a los nuevos dominios en una fase preferente y ser alertado de los que infrinjan mi marca.

9. Duración y renovación de los derechos de propiedad industrial.

Dependerá de la modalidad de protección. Las marcas se conceden por 10 años y son renovables por períodos sucesivos de manera ilimitada; los diseños, cada 5 años, hasta un máximo de 25 años; las patentes tienen una vida legal máxima de 20 años y han de mantenerse pagando tasas cada año y lo mismo ocurre con los modelos de utilidad, pero hasta un máximo de 10 años desde su solicitud.

10. El secreto industrial.

El secreto industrial, según la jurisprudencia, es aquella información o tecnología que en general no sea conocida ni fácilmente accesible para personas introducidas en los círculos en que los que lo normal es que se utilice el tipo de información en cuestión; que tenga un valor comercial o suponga una ventaja competitiva por su carácter secreto, reservado u oculto y que haya sido objeto de medidas razonables para mantenerla secreta, tomadas por la persona que legítimamente la controla.

11. Diferencias entre modelo de utilidad y patente española.

Las patentes se refieren a invenciones de producto y procedimiento (composiciones, método de obtención, uso); los modelos de utilidad sólo a invenciones de producto (dispositivos, utensilios, etc.). La novedad y actividad inventiva que se exige a la patente es mundial, el modelo tan sólo nacional; la vida legal máxima de la patente son 20 años y la del modelo 10; en la patente se emite un Informe sobre el Estado de la Técnica, en el modelo, no; en la patente puede solicitarse examen de fondo, en el modelo sólo se examina en caso de oposición; y el tiempo de concesión y los costes son superiores en la patente.

12. Propiedad intelectual.

Por propiedad intelectual se entiende, en términos generales, toda creación del intelecto humano. Los derechos de propiedad intelectual protegen los intereses de los creadores al ofrecerles prerrogativas en relación con sus creaciones. En el derecho continental europeo se diferencia entre propiedad industrial y derechos de autor y en el derecho anglosajón el término IP engloba ambos tipos de derechos.

Vídeo de la experta.

Efrén Miranda

Presidente de El Club del Emprendimiento, CEO de Grupo Emira, fundador de Territorio Pyme, conferenciante, formador y blogger.

LOS ERRORES MÁS COMUNES DEL EMPRENDEDOR

Bien es sabido que aprender de errores ajenos es bastante complicado, pero no es menos cierto que estar al tanto de ellos, así como de sus posibles soluciones, puede ser de gran ayuda, de manera muy especial, para aquellos que están dando sus primeros pasos en el mundo empresarial por cuenta propia.

Con estas píldoras he tratado de transmitir los aprendizajes obtenidos a través de mis años de experiencia, como emprendedor y después como asesor de aquellos que han seguido el mismo camino que yo.

• Emprendedores • Gestión • Formación

• Financiación • Pymes

1. Error 1: mala planificación financiera.

Un error muy habitual en los nuevos emprendedores es contar con el dinero justo para comenzar su negocio, pensando que se empezará a facturar desde el primer día. ¡Error! Debes contar con un colchón suficiente para aguantar el primer año aun cuando tu facturación sea muy inferior a lo planificado. Esto aumentará de manera considerable tus posibilidades de supervivencia.

2. Error 2: comenzar con una gran inversión y una alta estructura de costes fijos.

Nuestros deseos de crear una gran empresa nos lleva, en muchas ocasiones, a comenzar un negocio con una gran inversión inicial y con una alta estructura de costes. ¡No lo hagas! Sé comedido con las inversiones iniciales y procura mantener una estructura de costes fijos lo más baja posible. Tus costes deben ir por detrás de tus ingresos.

3. Error 3: orientarte al producto y no al cliente.

A la hora de diseñar tu producto o servicio, tu prioridad debe ser dirigir tus pasos a cubrir la necesidad o las necesidades detectadas de los clientes y no centrarte en desarrollar un producto y esperar que sea el cliente el que se adapte a él. Para ello, el primer paso es conocer bien cuáles son las necesidades reales de tu potencial cliente.

4. Error 4: pensar que cuantos más clientes, mejor.

Es un error muy frecuente en los emprendedores el pensar que cuantos más clientes, mejor. Pero es muy importante que tengas en mente que no todos los clientes son rentables. Debes tener una cartera de clientes de calidad, no de cantidad. Mide la rentabilidad de cada cliente y deshazte, por mucho que te duela, de los que no son rentables.

5. Error 5: no formarse en gestión de empresas.

Ser un buen camarero no significa ser un buen gerente de un restaurante. Por ello, debes formarte y prepararte en la gestión integral de un negocio. Finanzas, recursos humanos, compras y marketing son sólo algunas de las áreas que tocarás cuando tengas tu propio negocio por lo que es muy importante, fundamental, que te formes para ello.

6. Error 6: confundir una idea original con una idea de negocio.

Una idea original no siempre es una idea de negocio. Si se te ha ocurrido una idea que piensas que puede ser un buen negocio, reflexiona sobre las siguientes cuestiones antes de ponerte en marcha: ¿hay mercado para ello? ¿Hay gente dispuesta a pagar por ello? ¿Es el momento adecuado? ¿Es legalmente viable? ¿Qué inversión requeriría llevarla a cabo?

7. Error 7: miedo al error.

No tengas miedo de equivocarte. El fracaso no es sino el primer paso para el éxito. Innova, busca la mejora continua... si te equivocas, ¡enhorabuena! Seguro que en la próxima ocasión no volverás a cometer el mismo error y lo harás mejor. Intentarlo, es la única manera de evolucionar y de asegurar el futuro de tu empresa.

8. Error 8: meterte en un sector que desconoces.

No suele ser una buena idea montar un negocio en un sector que desconoces. Tener que comenzar desde cero, a conocer el mercado, la competencia, el producto, etc., conlleva demasiado tiempo, esfuerzo y dinero, que probablemente no tengas. Emprende en un sector que conozcas y tus posibilidades de éxito se multiplicarán.

9. Error 9: no hacer una investigación de mercado.

Debes asegurarte de que hay mercado para tu producto o servicio. Por ello, es muy importante hacer una investigación de mercado previa. Si no te puedes permitir pagar a una consultora, hoy en día, con Internet, puedes obtener mucha información. Incluso tú mismo puedes hacer encuestas telefónicas o salir a la calle a preguntar a tu potencial cliente.

10. Error 10: no delegar.

No intentes ser un hombre orquesta. Es verdad que cuando uno comienza dispone de recursos escasos, pero te puedes apoyar en los servicios externalizados. Es importante que te centres en aquello en lo que tú aportas valor y dejes para los expertos las otras cuestiones. Por mucho que lo intentes, nunca serás un experto en todo. ¡Delega!

11. Error 11: confundir facturación con cobros.

No te equivoques, que hayas facturado no quiere decir que hayas cobrado. Y, por desgracia, en algunos casos, ni siquiera que vayas a hacerlo algún día. Debes tener en cuenta esto en tu planificación de tesorería, para que no te veas con desfases que estrangulen tu negocio desde el punto de vista financiero. Una buena política de pagos y cobros ayuda a que esto no suceda.

12. Error: no planificar el crecimiento... morir de éxito.

Paradójicamente, sucede más de lo que pensamos que las empresas cierran por no haber sabido gestionar el éxito. Por ello, debes estar preparado para el éxito. Ten listo tu plan de acción por si las ventas crecen de manera muy rápida. Externalizar algunos servicios suele ser muy útil ya que puedes crecer de manera rápida y, si las ventas bajan, podrás adaptarte con facilidad.

13. Error 13: obcecarse con las ideas propias.

Debes ser flexible y adaptarte a las nuevas situaciones que te encuentres en el mercado o en tu propia empresa. Sé un bambú, resistente pero flexible. Ser perseverante no significa ser tozudo. Debes aprender de las experiencias, dejarte aconsejar y escuchar a tus trabajadores y clientes.

14. Error 14: ser monocliente.

Por mucho que tengas un cliente magnífico, grande y rentable, debes diversificar tu cartera de clientes. Suele suceder que, si tienes un gran cliente, tus recursos los vas centrando cada vez más en él. Pero, si un único cliente supone más de un 50% de tu facturación, estás corriendo un riesgo muy alto. Si lo pierdes, puedes perder toda tu empresa. ¡Diversifica tu cartera de clientes!

15. Error 15: no seguir formándote.

Cómo evitarlo: la formación debe ser una prioridad para ti y tu equipo de trabajo. La formación continuada en el tiempo es una herramienta básica para el éxito de una empresa. Mejorar la capacitación profesional y las habilidades de gestión, tuyas y de tu equipo, tendrá una repercusión clara en la cuenta de resultados de tu empresa. No lo olvides, ¡fórmate y forma a tu equipo, de manera continuada!

16. Error 16: parálisis por análisis.

Deja de darle vueltas, vueltas y más vueltas a tu idea. Ponla en marcha, no esperes a tener el producto perfecto, no es necesario. Además, lo más probable es que nunca lo llegue a ser, por lo que tu empresa morirá antes de nacer. Lanza tu producto al mercado, observa cómo reacciona y evoluciónalo en función de esa respuesta. ¡Lánzate, no esperes más!

17. Error 17: no contar tu idea a los demás (los emprendedores Gollum).

Comparte tu idea y con cuantas más personas mejor. Tener distintas visiones de tu idea, sin duda, hará que esta se enriquezca. Poder tener varias mentes evolucionando tu proyecto, facilitándote nuevas ideas para mejorarlo y hasta es posible que nuevos contactos, es un lujo, no lo desaproveches.

Vídeo del experto.

Eva Rimbau

*Profesora de Recursos Humanos en la @UOC universidad.
Experta en nuevas formas de trabajo y en e-learning para
emprendedores y directivos.*

GESTIÓN DE PERSONAS PARA EMPRENDEDORES

*Los recursos humanos suelen ser la última
preocupación de un emprendedor. Sin embargo,
si quieres ofrecer un buen producto o servicio,
o aspiras a que tu empresa crezca, es necesario
que desde el primer momento gestiones bien
a las personas que colaboran contigo. Este
equipo tiene que ser seleccionado, motivado,
desarrollado y apoyado por ti. Las siguientes
píldoras te dan ideas clave para hacer bien
estas tareas.*

* Recursos humanos   * Personal   * Selección

* Motivación   * Colaboradores

1. Planifica qué recursos humanos necesitas.

El primer paso en la dirección de recursos humanos de una nueva empresa es planificar cuántas personas vas a necesitar para tu proyecto y cuáles deben ser sus perfiles. Piensa qué actividades vas a realizar en un horizonte de uno y tres años. ¿Vas a necesitar gente nueva para llevarlas a cabo? Entonces debes planificar esos procesos de selección. ¿Vas a necesitar que la gente que ya está contigo aprenda cosas nuevas? Entonces debes planificar cómo vas a formarles.

2. ¿Qué tareas de recursos humanos puedo subcontratar?

Hay varias actividades de recursos humanos que requieren un conocimiento técnico muy especializado, además de la realización de tareas que, aunque son importantes, añaden poco valor a tu negocio central. Por ejemplo, la realización de contratos, el cálculo y pago de nóminas, la preparación de despidos y el cálculo de indemnizaciones o la prevención de riesgos laborales. Estas actividades puedes subcontratarlas a gestores o consultores externos de tu confianza.

3. Cómo describir un puesto de trabajo que necesitas cubrir.

El primer paso cuando necesitas seleccionar un nuevo colaborador es identificar cuáles son las responsabilidades del puesto que deseas cubrir. Esto te ayudará a redactar una descripción del puesto, sus atribuciones y limitaciones, así como los conocimientos y otras características que debe presentar el futuro trabajador. Junto a esta descripción, también debes decidir su retribución, teniendo en cuenta lo que establece el convenio de tu sector y cuánto están pagando otras empresas para puestos similares.

4. Cómo hacer una entrevista de selección.

Me atrevo a darte estos cuatro consejos para las entrevistas de selección de nuevos colaboradores: 1) Prepara tus preguntas de antemano, teniendo en cuenta las características que necesitas en tu futuro colaborador; 2) Habla poco y escucha mucho; 3) Pregunta por sus experiencias pasadas, por ejemplo: que te describa una ocasión en que se ha sentido muy satisfecho con su trabajo o cómo planifica las visitas a clientes; 4) Toma notas, te serán útiles para recordar a los distintos candidatos y tomar una decisión final.

5. Elige el tipo de contrato más adecuado.

Cuando hayas seleccionado a la persona que quieres que se incorpore a tu negocio, es necesario que tengas claro qué tipo de contrato le vas a hacer. En España hay muchísimos contratos distintos. Es importante que te dejes asesorar por un experto y que tengas en cuenta que hay varios contratos que te ofrecen incentivos por ser un emprendedor o por contratar a ciertos colectivos más desfavorecidos en el mercado laboral.

6. Conoce el convenio colectivo que te afecta.

Cuando pienses en montar tu negocio, tienes que analizar muy bien si hay un convenio colectivo para el sector en el que operas, si tienes la posibilidad de elegir entre uno u otro y cuáles son las condiciones (sobre todo las económicas) establecidas en cada uno. En efecto, tu plan de negocio podría ser totalmente inviable si las nóminas mínimas de los empleados marcadas por el convenio son más altas que lo que tenías previsto.

7. Cómo implicar al nuevo empleado con la empresa.

La implicación del nuevo empleado con la empresa comienza en el proceso de selección: debes darle una imagen veraz sobre la empresa y sobre cuáles serán sus tareas. Las sorpresas desagradables una vez contratado suelen generar una gran desmotivación. Ya en los primeros días de trabajo, debes incluir en tu agenda un tiempo para dedicar al nuevo colaborador, explicarle sus tareas y las de los demás trabajadores, resolverle dudas o acompañarle en sus primeras visitas.

8. Diseña la retribución de tus colaboradores.

La remuneración es una herramienta fundamental para atraer y retener el talento que tu empresa necesita, por eso es importante tener una política retributiva general, que puedas explicar de forma transparente a todos tus colaboradores. Luego, esta política se concreta en las retribuciones particulares de cada empleado. En la retribución habrá una parte fija, que normalmente establece el convenio o el mercado, y puede haber también una parte variable que dependerá de los resultados de cada trabajador o de la empresa en conjunto.

9. Cómo incorporar nuevo personal cuando no dispones de mucho dinero.

Hay negocios que requieren contar con varios trabajadores para empezar a funcionar. ¿Cómo contratar personal en estos momentos en que el dinero escasea? Hay varias opciones: 1) Contrata a personas que valoran más la flexibilidad que el dinero, como madres de niños pequeños, estudiantes o similares; 2) Retrasa parte de la retribución: fija un incremento salarial para cuando el negocio genere ciertos ingresos; 3) Ofrece prácticas para estudiantes que desean obtener experiencia y asegúrate de que aprenden cosas nuevas.

10. No te olvides de la prevención de riesgos laborales.

Muchos emprendedores piensan que la prevención de riesgos laborales es un mero requisito administrativo, pero es mucho más: es la única manera de asegurarse de que nadie se haga daño mientras trabaja para ti y, además, es una forma estupenda de demostrar que te preocupas por el bienestar de tus colaboradores. Puedes contar con un servicio de prevención externo, pero hay mucho que puedes hacer por ti mismo. Consulta la web del Instituto Nacional de Seguridad e Higiene en el Trabajo y encontrarás un montón de recursos útiles.

11. Para competir, invierte en formación y desarrollo.

Las pequeñas empresas difícilmente pueden competir basándose en unos costes bajos, por lo que deben apostar por la innovación y la calidad. Esta estrategia requiere personal capacitado y con conocimientos en permanente actualización. Por lo tanto, al planificar el futuro, debes pensar qué necesitan aprender tus colaboradores. Para ello, puedes aprovechar los cursos subvencionados y la formación *online*, puedes formarles tú mismo, puedes establecer una rotación en los puestos de trabajo, etc.

12. Saca partido a la flexibilidad laboral.

Si ofreces a tus colaboradores condiciones de trabajo flexibles, estarás mejorando su motivación y su compromiso con la empresa sin aumentar costes. La flexibilidad puede incluir: horarios de entrada y salida variables, realizar parte de la jornada en casa, dejar que intercambien turnos, etc. Es necesario que establezcas un marco común para todos los empleados, en vez de ir decidiendo caso a caso, y que haya objetivos de rendimiento que te permitan comprobar que todos cumplen con su trabajo.

13. Cómo motivar a tus colaboradores.

Para que tus colaboradores se impliquen en el negocio, es necesario que de alguna manera lo sientan como algo propio. Por un lado, puedes ofrecerles una parte de la retribución vinculada al rendimiento del negocio. Sin recurrir al dinero, puedes ofrecerles más comunicación sobre cómo va la empresa, teniendo pequeñas reuniones para destacar los temas relevantes y para pedirles su opinión. Dales la posibilidad de hablar y escuchar y, si te dan buenas ideas, reconócelas y aplícalas.

14. Cómo evaluar el trabajo de tus colaboradores.

La evaluación del trabajo es una herramienta muy potente para obtener lo mejor de cada uno. ¿Cómo hacerlo? 1) Ten claro cuáles son las responsabilidades de cada persona; 2) Fija unas reuniones periódicas para hablar con cada uno sobre cómo va en el trabajo; 3) No se trata de imponer tu visión ni de machacar al que ha cometido errores. Hay que señalar tanto lo positivo como lo negativo y preguntar o sugerir ideas para mejorar.

Vídeo de la experta.

Javier Rivero-Díaz

Director de DesarrolloProfesionalTV. Autor del superventas GimnasiaFinanciera.com. Conferenciante, profesor del IE. Asesor de famosos y personalidades.

20 CLAVES IMPRESCINDIBLES PARA NO FRACASAR CON TU NEGOCIO

Las píldoras surgen de una necesidad alarmante: la mayoría de las empresas que nacen, se cierran; la mayoría de los países tienen problemas económicos y la mayoría de las personas no se organizan bien con el dinero. Viendo que es algo que afecta a tanta gente, es de vital importancia ayudar a las personas y los emprendedores a mejorar su vida y la de sus negocios.

Lo que transmitimos en las píldoras son claves muy prácticas y sencillas que cualquier persona puede aplicar. Después de años probando estas técnicas con miles de personas en el mundo, está comprobado que funcionan y que el aplicarlas te ayudará. Lo que me motiva es crear cosas útiles que contribuyan a la humanidad y a un mundo mejor para nuestros hijos y futuras generaciones.

- *Finanzas personales*   • *Solvencia*   • *Salud financiera*

- *Gimnasia financiera*   • *Financiación*

1. Arrancar con prudencia.

Uno de los errores al empezar una empresa es meterse en muchos gastos que no son imprescindibles, como oficinas de lujo o coches de alta gama, pero luego los emprendedores se encuentran con que no pueden pagar los costes fijos mensuales y acaban hundiendo su negocio y dejando muchas deudas. Es esencial empezar con lo que realmente necesitas y minimizar los gastos mensuales.

2. Organización y administración del dinero.

Es habitual dedicar unos 20 años a estudiar y unos 40 a trabajar, es decir, unos 60 años dedicados a conseguir dinero y poder vivir. Sin embargo, la mayoría de la gente tiene dificultades organizándose con el dinero porque no han aprendido cómo hacerlo. Aprender cómo funciona el dinero y cómo se organiza bien es imprescindible y te ayudará mucho tanto en tu vida como en tu negocio.

3. Planificar bien la financiación.

Uno los problemas más frecuentes es el de emprendedores que quieren conseguir financiación sólo para los costes iniciales de la actividad (como la oficina o local). Olvidan, sin embargo, que van a necesitar más dinero para mantenerse hasta que el negocio sea rentable. Es imprescindible calcular bien la cantidad necesaria para poder funcionar con solvencia.

4. Claridad en los movimientos.

Un error muy frecuente que veo cuando trabajo con emprendedores es que tienen mezclados los movimientos personales y los de su negocio en una misma cuenta. Eso les crea confusión y mucha pérdida de tiempo y dinero al hacer la contabilidad y la declaración de impuestos. Es fundamental separar los movimientos de la empresa de los personales. Esto te dará claridad y te ayudará a mejorar tu economía y la de tu negocio.

5. Respetar las normas.

Hay empresas que preguntan a sus clientes si quieren factura o si le ponen el IVA. Esto suele transmitir desconfianza y, posiblemente, el boca a boca de clientes y empleados acabará sabiendo que operan de manera ilegal. Además, en la empresa se respira el miedo a que les descubran. Al hacer las cosas de forma legal te sentirás con más confianza, con más seguridad y tu negocio irá mejor.

6. Pagar lo más rápido posible.

Cuando una empresa realiza un servicio o producto está teniendo unos costes. Muchas empresas han tenido que cerrar porque sus clientes tardaron mucho en pagarles. Uno de los trucos que va a hacer que tus proveedores prefieran atender a tu empresa es el pagarles rápidamente. Verán que respetas su trabajo y te diferenciarás de muchos que pagan tarde o a los que hay que estar persiguiéndoles para que paguen.

7. Devolver lo que no es tuyo.

Normalmente, cuando alguien debe dinero a alguna persona o empresa hace cosas como esconderse, no dar la cara, cambiar de teléfono, ir con cuidado por la calle. Esto tiene un impacto negativo en su estado de ánimo y, en consecuencia, su economía empeora. Un hábito esencial que conviene desarrollar, y uno de los más efectivos, es anticiparse y dar la cara, llamar a la persona, empresa o institución y disculparse por el retraso, agradecer su confianza y empezar a devolver lo que puedas.

8. Si te gusta que te paguen, paga.

Una alumna, productora de cine, me contaba la tristeza que sentía al ver sus películas vendiéndose de forma ilegal en la calle y descargándose por Internet. Explicaba que las personas que habían trabajado en ellas no habían podido cobrar por no haber suficientes ventas. Cuando afectamos de forma negativa la vida de otras personas, lo acabamos pagando más caro. Si te gusta que te paguen tu trabajo, paga el trabajo de otros.

9. Mantener el flujo sanguíneo.

Una de las cosas que acaban con las empresas es el no prestar mucha atención a su contabilidad ni tener un control disciplinado de sus cuentas.

Esto ocurre porque parece que es un asunto poco atractivo y sin importancia. Sin embargo, la contabilidad es como la sangre en la empresa que tiene que fluir para regar a todos los órganos y elementos que la forman y que así pueda funcionar de una forma sostenible.

10. Hazte con de varias fuentes de ingresos.

La mayoría de las personas tienen sólo una fuente de ingresos y, cuando la pierden, se ven en problemas para mantenerse. Hoy en día se está recuperando el sentido común y se busca tener varias vías de entrada de ingresos que permitan tener una economía sostenible. Quien se alimenta de su huerto no planta solamente un árbol, sino que cultiva diferentes tipos de semillas que le permitan alimentarse si una de ellas no da sus frutos.

11. Reduce el número de tarjetas de crédito.

Muchas veces el descontrol en el uso de las tarjetas de crédito ha afectado de forma considerable a la economía de las personas o las empresas. Hay que aprender a gestionarlas. Algo que es importante es simplificar y reducir el número de tarjetas a dos y, además, fíjate en que te den puntos por su uso.

12. Soltar, dejar espacio.

Muchas veces encontramos donde vivimos o trabajamos cosas que ya no usamos. Quizá fueron útiles alguna vez o tal vez nunca las llegamos a utilizar. Otra de las claves es la importancia de dejar espacio, quitar lo que ya no usamos, pero que le puede venir bien a otra persona. Podemos regalarlo o venderlo a un precio justo. Eso nos ayudará y ayudará a otras personas.

13. La magia del agradecimiento.

A todos nos gusta que nos agradezcan y, sin embargo, pocas veces expresamos nuestro agradecimiento. Damos por hecho que nuestros padres, familiares o amigos tienen que apoyarnos, pero no lo valoramos lo suficiente. La clave que ha producido un mayor beneficio en las personas y empresas es elegir a una de ellas y escribir una lista de todas cosas por las que pedirles perdón y por las que agradecerles y luego llamarles, aquí se explica el proceso: www.javier.be/cnn. Unos jóvenes emprendedores grabaron este vídeo explicando el proceso www.javier.be/jovenes. El resultado es espectacular.

14. Divide y vencerás.

A muchas personas se les acaba el dinero antes de fin de mes. Esto les supone un gran estrés y, en el caso de cientos de miles de personas, ha provocado que hayan perdido su empresa o su hogar con un desahucio. Una forma de gestionar tu dinero consiste en separar el que dispones para todo el mes en cuatro o cinco grupos, según las semanas.

15. Clasifica y encontrarás.

Es evidente que la economía de las empresas y de las familias iría mucho mejor si aprendiéramos los trucos para evitar los problemas de dinero. Uno de ellos es clasificar el dinero al igual que se hace con otros recursos, como las funciones en la empresa. La clasificación se puede hacer en base a necesidades imprescindibles, desarrollo del equipo, inversiones, ahorro y responsabilidad social.

16. El empuje que te ayuda a avanzar.

Hay tres palabras claves en las que se encuentra la diferencia entre mejorar tu economía o hundirte: estado de ánimo. Las herramientas para usarlo a nuestro favor son estas tres: lo que vemos, lo que oímos y lo que decimos. Llevar una empresa tiene mucho mérito. Rodéate de gente positiva, gente que no hable mal de otros, que en lugar de cerrarse en los problemas vea soluciones. Ese entorno te ayudará a avanzar.

17. 1+1= 11.

Hay personas que tienen tendencia a hacer las cosas solos, a evitar relacionarse con otros emprendedores o a hacer *networking* pensando en qué pueden sacar de los demás. Hoy en día es fundamental colaborar, sumar a las empresas de otros para que vaya mejor su economía. Cuando ayudas a que a otros les vaya mejor, a ti también te irá mejor: 1+1=11.

18. Visión global.

Al crear un negocio, muchas veces se piensa de forma exclusiva en tener un local físico una zona muy concreta, pensando sólo en clientes que puedan pasar por ahí. De esta forma se pierden los ingresos que se pueden ganar llegando a un mercado más global. Hoy todos los emprendedores y las personas deberían generar ingresos con ventas en Internet.

73

19. Cobrar las deudas.

En estos años enseñando hábitos saludables para la economía personal y profesional, he vivido muchos casos de éxito. En uno de los cursos, una participante llevaba años esperando a que le pagaran una deuda. Ya no sabía qué hacer. Me lo contó y le expliqué la clave: devolver lo que debemos antes de pedir lo que nos deben. Ella recordó que debía dinero a una persona. Le llamó y devolvió lo que debía y «como por arte de magia», en cuestión de horas tenía un mensaje de aquella otra persona que le debía dinero a ella desde hacía varios años diciendo que le acababa de hacer una transferencia cerrando la deuda con ella. Antes de pedir lo que te deben, comienza llamando y devolviéndolo tú si debes algo.

20. Ley del equilibro.

Hay personas y empresas que roban recursos a otros o malgastan porque ellos no tienen que pagarlo. Un alumno me contaba que había estado cambiando las etiquetas del precio de lo que iba a comprar para pagar menos. Sin embargo, notaba cómo de vez en cuando perdía billetes. Lo que alguien quita lo va a perder por otro lado.

Vídeo del experto.

Sergio Ruiz

Consejero delegado y director general en Pymes.com. A lo largo de su carrera ha dirigido varias compañías especializadas en Internet y en la seguridad aplicada a las nuevas tecnologías e Internet.

LA MODERNIZACIÓN DE LAS PYMES EN INTERNET

Estas píldoras relacionadas con los negocios, Internet y la tecnología se presentan para despertar la curiosidad y motivar tanto a empresas ya consolidadas como a emprendedores.

Con ello, continúo con la misión de Pymes.com; convertirse en un lugar de encuentro en la Red que refleje la actualidad empresarial española, y poner los medios posibles para que tanto autónomos como empresas de nuestro país tengan los recursos capaces de permitirle la suficiente visibilidad para apoyar su internacionalización dentro de un entorno de confianza.

• Pymes   • Marketing para pymes   • Morosidad empresarial

• Reputación online   • Seguridad digital

1. La importancia de la imagen y la notoriedad de tu empresa.

A quién importa el qué dirán. A ti, como pyme, ¿te importa qué dicen de tus servicios y productos? Tienes que ser consciente de que tus clientes no sólo están en la calle, también se encuentran en Internet. ¿Cómo está tu empresa en Internet? ¿Y tu notoriedad? Preocúpate por ellos, crea tu web, date de alta en redes sociales, en portales y directorios. En una palabra, actívate en la red. Date de alta en pymes.com y podrás evaluar la transparencia y confianza en las transacciones mercantiles.

2. La morosidad, una enfermedad del mercado de las pymes.

¿Sabías que el 25% de las disoluciones de las pymes son producidas por los impagos? En nuestro país existen 350.000 morosos y 850.000 operaciones impagadas. Tienes que poner medidas. Comprueba la solvencia de tus clientes, los informes comerciales no son eficaces, consulta índices de solvencia y riesgo financiero en pymes.com. Anticípate a situaciones de impago.

3. Las pymes deben informarse antes de relacionarse con otra empresa.

¿Te has informado alguna vez de la reputación o salud financiera de un posible cliente o proveedor? Antes de iniciar una operación o relación mercantil con otra compañía que entrañe un riesgo económico, debes informarte. Es transcendental. Pymes.com te ofrece un índice o *scoring* financiero por cada empresa española. Consúltalo; reducirás riesgos e impagos.

4. La necesidad de la presencia digital de la pyme.

Siete de cada diez españoles consulta una web antes de comprar y el 60% confía en las opiniones. La presencia digital de la pyme es esencial. Pymes.com te ofrece de manera gratuita una presencia *online* con la que puedes aumentar la captación de clientes, darte a conocer en el ámbito internacional y comunicarte con tus clientes.

5. Importancia de la identificación de las pymes en la Red.

¿Quieres saber y tener garantías de que la empresa que buscas en Internet existe? ¿Quieres que sepan que existes? Pymes.com y las cámaras de comercio te otorgan un sello gratuito de confianza empresarial para garantizar que tu empresa existe y tiene actividad. Es el primer paso para conseguir clientes tanto en nuestro país como, sobre todo, fuera de nuestras fronteras.

6. La fidelización de clientes en la pyme.

Un error muy común de las pymes es centrar todos sus esfuerzos en la captación de clientes. Más del 80% de ellas dedica todos sus esfuerzos a su captación. Por el contrario, sólo un 30% utiliza alguna técnica de fidelización. Las pymes tienen que ser conscientes de que, cuando se va un cliente, se va mucho dinero y puede que dañe nuestra reputación como empresa. En estas épocas económicamente difíciles, hay que potenciar la fidelización y consolidar la cartera de clientes.

7. La creatividad en la pyme.

Debe ser uno de los grandes activos; su flexibilidad y reducida estructura son esenciales para adaptarse al entorno. Las pymes deben estar en constante cambio. Hoy en día es posible que el pez chico se coma al pez grande, ya que son rápidos en la toma de decisiones y su pequeño tamaño favorece la adaptación al entorno. Estos factores deben ser aprovechados para ser más competitivos.

8. Análisis del riesgo de impago de una empresa.

Los tradicionales análisis basados en estados financieros (balances, cuentas de resultados...) presentan, además de su complejidad, otro problema, el de la antigüedad de sus datos: 6, 12 o hasta 18 meses. El índice de riesgo financiero de Pymes.com, a través de ASNEF empresas, utiliza datos recientes de diferentes fuentes permitiendo obtener en tiempo real la valoración de riesgo financiero de una empresa.

9. Transferencia de tecnología espacial hacia las pymes, la mejor manera de innovar.

¿Sabrías decir qué tienen en común los pañales, las sartenes antiadherentes y los airbags? Todos han nacido en el espacio. La investigación espacial se centra en el desarrollo y perfeccionamiento de tecnologías y procesos que puedan soportar la dura naturaleza del espacio. Los sistemas espaciales se caracterizan por su bajo peso, elevada eficiencia, alta fiabilidad, resistencia a la radiación y a la temperatura. Estas características pueden presentar beneficios significativos en nuestra vida diaria y nos ayudan a desarrollar nuevas soluciones.

10. La seguridad y el robo de información en las pymes.

¿Sabías que un 41% de los ataques de robo de información se dan sobre empresas de menos de 250 trabajadores? Todos creemos que el espionaje industrial y el robo de información se producen sólo en las grandes empresas o en corporaciones públicas. Por ello, descuidamos la protección de nuestra información. Tenemos gran cantidad de datos en servidores, en la nube, en redes sociales o en la Red. El 82% de las pymes carece de políticas formales de seguridad en Internet, ni para sus empleados ni colaboradores. La tecnología nos ayuda a ahorrar tiempo y costes, pero ten cuidado y evita que te quiten tu conocimiento. Protégelo.

11. Las pymes en las redes sociales.

No se vende por redes sociales. Para una pyme, las redes sociales son un medio de contacto con sus clientes, no un canal de venta. Este es uno de los primeros errores que cometemos. Los seguidores no son un fenómeno de las pymes. Mejora tus comunicaciones, da consejos, incentiva a los clientes, proporciona demos de productos, etc. Sólo tendrás éxito si ofreces valor por este canal de comunicación.

12. La innovación en las pymes.

Solamente un 17,7% de las pymes españolas implanta innovación. Uno de los principales frenos es la reducción del crédito. La inversión en innovación no debe ser conceptualizada como un gasto, debemos innovar y mejorar nuestros productos, servicios y procesos. Esto nos permitirá avanzar al ritmo que marcan los mercados y la economía. No podemos quedarnos anclados en una nueva economía en constante cambio.

Vídeo del experto.

FORMACIÓN

Paloma Beamonte

Fundadora de A+10. Consultora de formación con más de siete años de experiencia elaborando planes formativos.

LA IMPORTANCIA DE LA FORMACIÓN ESPECIALIZADA SEGÚN SECTOR DE ACTIVIDAD

A través de estas píldoras quiero transmitir la importancia de una formación de calidad y enfocada según a la actividad de tu negocio. Hay una gran variedad de cursos dirigidos tanto a empresas, para que estas puedan hacer frente a las demandas actuales de cualificación profesional de sus empleados, como también a particulares que quieren formarse para aumentar sus posibilidades de empleabilidad. También existen herramientas necesarias para hacer mucho más competitivas a las empresas a través de una formación de calidad.

- Seguridad alimentaria   • Prevención   • Centros escolares

- Nutrición   • Redes sociales

1. Prevención de riesgos laborales para las empresas.

Un emprendedor siempre debe estar al día sobre la normativa relativa a su negocio. Un aspecto fundamental es que debe ser capaz de gestionar la actividad preventiva de su empresa y, para ello, tiene que estar formado en materia de prevención de riesgos laborales. Empresas con menos de 25 trabajadores pueden asumir su propia prevención de riesgos y, desde una formación de calidad, específica y con docentes expertos en la materia para llevar a cabo esta labor, pueden estar cubiertos. ¿Sabías que la seguridad y la salud son tarea de todos y que la formación es imprescindible?

2. Formación para manipuladores de alimentos.

Una buena formación en seguridad alimentaria es imprescindible y obligatoria para cualquier emprendedor que se dedique al sector de la alimentación. En concreto, tener una buena formación como manipulador de alimentos es una exigencia de Sanidad y, por tanto, una obligación para el responsable de la empresa, que debe tener formado adecuadamente a todo su personal en este sentido. Una buena formación les proporcionará las pautas necesarias para que los manipuladores de alimentos sean capaces de llevar a cabo unas buenas prácticas de higiene y manipulación de los diferentes productos, siempre adaptándose a las condiciones específicas de cada establecimiento. ¿Sabías que una buena formación en seguridad alimentaria puede prevenir entorno al 80% de los casos de toxiinfecciones alimentarias que se dan en la actualidad?

3. Etiquetado de alérgenos para hostelería.

Cualquier persona que trabaje hoy dentro del sector de la alimentación (bares, restaurantes, cafeterías y otros) debe saber que, desde diciembre de 2014, está en vigor una nueva reglamentación sobre la información alimentaria facilitada al consumidor que consiste en que todos los establecimientos tienen la obligación de declarar los alérgenos que pueden contener los platos que elaboran. Es necesaria una buena formación de dicha reglamentación y, además, adaptar los establecimientos a la nueva normativa haciendo la declaración de alérgenos en sus cartas, elaborando fichas de sus productos, etc. ¿Sabías que cualquier persona alérgica puede pedir información relativa a alérgenos y los establecimientos tienen que tener la capacidad de poder dar solución a dicha demanda?

4. Cómo promocionar mi negocio a través de las redes sociales.

Para un emprendedor es fundamental saber promocionar su negocio y, para ello, tiene antes que formarse. Los estudios demuestran que tan sólo el 7% de las empresas en España utilizan bien este canal para dar a conocer su negocio. Una buena formación en esto hará que tu empresa pase de 0 a 10 y se iguale a los grandes competidores de tu sector en redes sociales como Facebook, Twitter y YouTube. ¿Sabías que una empresa que no está en Internet no existe?

5. Alergias e intolerancias alimentarias en los centros escolares.

En las últimas décadas, las alergias a diferentes alimentos han aumentado de forma notable; por eso, en la actualidad, a nivel europeo, se tiene un fuerte compromiso con los centros escolares para proporcionar formación de calidad a todo el personal en materia de alergias e intolerancias alimentarias. Aspectos tan importantes como conocer los principales alimentos implicados, síntomas o cómo actuar en caso necesario, diferenciar entre alergias e intolerancias alimentarias y cómo implantar una buena política de calidad del control de alérgenos en cocina son la base de una buena formación. El objetivo prioritario es la prevención. ¿Sabías que las alergias más frecuentes en los niños son al huevo, la leche y al cacahuete y que pueden afectar a un 8% de los menores de 4 años?

6. Valoraciones nutricionales de menús.

Los consumidores están cada día más concienciados con la alimentación saludable y quieren estar cada vez más informados; por ello, es prioritario para cualquier establecimiento que ofrece menús informar a sus clientes de la valoración nutricional de los mismos. Una buena valoración nutricional de los menús en restaurantes, bares, escuelas infantiles o colegios va a favorecer el crecimiento y el desarrollo de las personas y, además, va a contribuir a protegernos de enfermedades. Una buena formación, con un buen nutricionista, les ayudará a conseguir una vida más saludable. ¿Sabías que una buena alimentación contribuye a que nos sintamos mejor y a estar más felices?

7. Primeros auxilios: saber actuar salva vidas.

Una formación continua y de calidad en primeros auxilios y saber cómo actuar en caso de emergencia es vital para salvar vidas. Una buena combinación entre teoría y práctica va a ayudar a las personas que realicen esta formación —ya sean particulares, personal de centros escolares o de restaurantes, bares o cafeterías— a saber actuar ante casos de emergencia que se puedan dar no sólo en sus centros de trabajo, sino también en su vida cotidiana. ¿Sabías que actuar en los cinco primeros minutos desde que se produce una situación de emergencia puede salvar vidas?

8. Una apuesta por los certificados de profesionalidad.

Todo puesto de trabajo requiere una serie de competencias profesionales para la persona que vaya a ocuparlo. De ahí se deriva la importancia de los certificados de profesionalidad como instrumento de acreditación oficial de dichas cualificaciones. En la actualidad, estos certificados son una apuesta de futuro y de calidad. ¿Sabías que no todos los centros de formación están acreditados para poder impartir certificados de profesionalidad?

9. Formación bonificada para empresas; una formación de calidad.

Una formación continua para los empleados es fundamental para mantenerse siempre actualizado; ya que la sociedad en la que vivimos está en constante cambio y se necesitan personas altamente cualificadas y en continua formación. Cualquier emprendedor cuya empresa tenga al menos un empleado va a disponer de un crédito para formar a sus empleados a coste cero, por ello deben aprovechar la gran oportunidad que esto supone para mejorar su negocio y la cualificación de sus empleados. ¿Sabías que todas las

empresas con un mínimo de un trabajador dispo-
nen de crédito para utilizar en acciones formati-
vas para sus empleados?

10. APPCC: sistema de calidad para tu negocio.

Todo emprendedor que quiera iniciar su labor
dentro de lo que se conoce como Canal Hore-
ca (que proviene del acrónimo de las palabras
hotel, restaurante y *catering*) es prioritario que
ofrezca una confianza a sus clientes en cuanto
a seguridad alimentaria. Por tanto, es obliga-
torio para los establecimientos cumplir con el
APPCC (análisis de peligros y puntos de control críticos) que es un sistema de calidad pre-
ventivo. Para poder llevar a cabo esta labor, el
personal deberá estar debidamente formado
en materia de seguridad alimentaria. ¿Sabías
que si un establecimiento está bien protegido
en cuanto a seguridad alimentaria se refiere
cualquier cliente de ese establecimiento estará
seguro?

11. Formación para escuelas infantiles y colegios.

Los más pequeños nos importan y mucho porque
son el futuro; de ahí el compromiso de la sociedad con la formación en centros escolares. Existe
una gran oferta de cursos formativos dirigidos al
personal docente de los centros escolares que
les va a ayudar a mejorar tanto profesional como
personalmente en su día a día con sus alumnos.
Cursos como inteligencia emocional para educadores, habilidades comunicativas escuela-familia,
psicomotricidad infantil, estimulación temprana y
educo-herramientas, entre otros, ayudarán a los
educadores en su tarea de formar niños más felices. ¿Sabías que los educadores dejan grandes
huellas emocionales en los niños y que son personas muy significativas para ellos a lo largo de
toda su vida?

12. Atención al cliente: cómo conseguir la excelencia.

La atención al cliente no es una opción sino que se
tiene que considerar como un elemento imprescindible para el éxito o fracaso de cualquier empresa. No vale con dar un servicio al cliente, sino
que hay que ir un paso más allá: hay que brindar
una atención y un servicio de calidad excelente.

Las empresas tienen que conseguir la excelencia y, con una buena formación, puedes conseguirlo. ¿Sabías que un 68% de los clientes se pierden por la indiferencia y la mala atención del personal?

 Vídeo de la experta.

Jesús Sánchez

Experto en ofimática y comunicación. Formador y ponente en cursos, seminarios, talleres de Excel avanzado, presentaciones profesionales con PowerPoint, Prezi y VideoScribe, Microsoft Office, sistemas operativos Windows y Linux.

FORMACIÓN BÁSICA PARA EMPRENDEDORES

Es preciso conocer y manejar algunos conceptos en el entorno informático –redes sociales, hojas de cálculo, bases de datos y otros programas–, debido a la importancia vital que tiene la comunicación en el ámbito de nuestro proyecto o emprendimiento.

Tras estos conocimientos, siempre aparece el ser humano, la persona, que comunica, maneja programas y que además, transmite emociones en en el día a día de su trabajo, de ese emprender que no podemos negar, que ha de ser diario. Cada jornada es un reto, cada día una ilusión, un trabajo planificado que realizar. Todo esto, sabiendo y siendo conscientes de la eficacia que tiene cada una de las palabras, cada uno de los gestos que manifestamos en nuestra comunicación, siendo conocedores de que todo cuanto expresamos tiene el poder de crear.

- DAFO   • Estudio de mercado   • Bases de datos

- Documentos profesionales   • Redes sociales

1. Nos medimos las fuerzas: análisis DAFO personal.

En este análisis, se han de detallar, con precisión, las debilidades y fortalezas de las que dispones. Viendo esta realidad, lo normal es que cambiamos de tema. «No en esta ocasión. No». Te estás jugando mucho y se hace necesario. Se trata sencillamente de aceptar esta realidad, la realidad de cada uno tal y como es, sin más dificultades. Cuanto menos te resistas a esto, mejor resultará.

2. El estudio de mercado, sencillo y necesario.

Cuando un proyecto fracasa no es porque sea malo, sencillamente es porque no se ha seguido una pauta necesaria, se ha comenzado en las peores condiciones posibles, sin realizar un estudio de mercado previo. Hacer un estudio de mercado básico es sencillo; aportará una aproximación a la realidad de la zona y de los posibles clientes objetivos.

3. El plan de empresa, tu carta de presentación.

El plan de empresa es el documento en el que tú, emprendedor, presentas tu proyecto. Es la carta de presentación, principalmente a la hora de buscar financiación. Supone, sobre todo, una gran ayuda, te va a servir para meditar y racionalizar sobre tu propio proyecto de empresa.

4. Proactividad y actitud positiva.

En los tiempos que nos ha tocado vivir, la actitud proactiva es un factor determinante en el día a día. Es fundamental en toda actividad comercial. Podemos afirmar, sin lugar a dudas ni a errores, que la actitud proactiva en las personas es una de las cualidades más buscadas y observadas en el mundo laboral.

5. Formación informática.

Se ha hecho patente la necesidad que tiene el emprendedor de un mínimo de formación en diversos aspectos, entre los que se destaca la informática. En el entorno informático es necesario el conocimiento de diversas opciones de las que dispone el paquete Office, por ejemplo, a nivel de tratamiento de textos, hoja de cálculo, gestor de base de datos o diseño de presentaciones eficaces.

6. Microsoft Word. Crea documentos profesionales.

Con este programa y sus herramientas puedes crear documentos de aspecto profesional y elegante. Además, dispone de la opción de correspondencia para la edición de sobres, etiquetas, etc. Siempre teniendo en mente que estás tratando información masiva para todos tus envíos.

7. Microsoft Excel. Utiliza las tablas dinámicas para analizar la información.

Excel se ha convertido en una de las herramientas más utilizadas en el entorno de la gestión y la productividad de la empresa. Se hace de obligado conocimiento para todo emprendedor. Una tabla dinámica es una hoja de cálculo interactiva que permite mostrar y analizar con facilidad información resumida sobre datos ya creados en este mismo programa o en otra aplicación.

8. Microsoft Access. Crea y gestiona una base de datos propia.

En el programa Access tienes la posibilidad de, con muy poco esfuerzo, crear una base de datos que se ajuste a tus necesidades, de forma que, una vez creada, podamos gestionar esta información, modificarla, añadir nuevos datos tanto de clientes, productos o conceptos que deseemos y necesarios para la gestión de nuestro proyecto.

9. Microsoft PowerPoint. Haz presentaciones profesionales y eficaces.

Con las presentaciones puedes expresar ideas, proyectos, planes de negocio, propuestas para clientes o informes financieros. Considera PowerPoint como una inmensa ayuda en la comunicación aunque el éxito depende en su mayoría de las cualidades del orador que desarrolle el contenido. La presentación debe contener las ideas principales del tema que estés desarrollando.

10. Redes Sociales. Concepto.

En Internet, no debes confundir dos términos: red social y comunidad virtual. Son distintas cuestiones; las redes sociales son los lugares en los que las personas comparten todo tipo de información personal y profesional. Las principales redes sociales pueden ser profesionales –como en el caso de LinkedIn–, generalistas –como Facebook, Google+ o Tuenti– o especializadas en cualquier tema.

11. Las redes sociales, una oportunidad para tu empresa.

En el contexto de intercambio que suponen las redes sociales, las empresas tienen opciones que determinan su presencia: creación de un perfil corporativo, creación de grupos, segmentación del mercado, realización de encuestas, análisis de usuarios, atención al cliente y publicidad *online*.

12. Segmenta tu mercado con las redes sociales.

La tecnología de las redes sociales permite a las empresas hacer la segmentación del mercado por multitud de criterios: edad, sexo, características particulares, poder adquisitivo, etc. Al tener un gran detalle del comprador, la empresa puede realizar a sus clientes ofertas más concretas, utilizando para ello diversas técnicas de ventas.

13. Realiza encuestas en las redes sociales.

Las empresas pueden utilizar las redes sociales para realizar sondeos de opinión en mercados concretos. A través de las encuestas, se profundiza en datos y estadísticas que sean de interés para la empresa. Estas herramientas son fundamentales como apoyo al lanzamiento de un producto o servicio al mercado.

14. Las redes sociales como servicio de atención al cliente de tu empresa.

Las redes sociales constituyen una parte importante de la empresa en lo que se refiere a la atención al público. Cada vez que la empresa actualiza su página web con nueva información de productos o servicios, su perfil en las principales redes sociales se actualiza de manera simultánea (Facebook, Tuenti Twitter). Es una garantía de que el público esté constantemente informado de nuestras novedades.

Vídeo del experto.

COMUNICACIÓN

Alberto Calvo

Director de relaciones institucionales de Vivanco. Asesor de comunicación. Periodista. Máster en Comunicación y Protocolo.

¿CÓMO FAVORECER LA COMUNICACIÓN ORIENTADA A PERSONAS?

Las organizaciones empresariales no pueden existir sin ser conscientes del entorno en el que se desarrollan y este ha pasado a ser global y prácticamente instantáneo en la difusión.

Las empresas no hablan con otras empresas directamente; quien en realidad lo hace son las personas. Personas que forman las empresas para las que trabajan. Por eso, la comunicación, las relaciones públicas, la conversación, el protocolo y el factor humano pasan a ocupar un plano más que relevante en el escenario empresarial del siglo XXI.

El valor de la comunicación y las relaciones externas e internas ya no son objeto de ninguna duda dentro de las organizaciones. Pero hay que entender que la tecnología aplicada a la comunicación ya no es un elemento diferencial, sino que se ha vuelto imprescindible en toda actividad. El elemento diferencial ahora –y posiblemente en el futuro– son las personas, sus actuaciones y sus relaciones.

La humanización, el aspecto emocional y la responsabilidad social serán factores clave para que las empresas sean percibidas de otra manera. Dar la espalda a este hecho sería negar la evidencia.

- Comunicación   - Relaciones públicas   - Reputación

- Protocolo   - Mensajes

1. La importancia del contacto personal.

Vivimos un momento de hipercomunicación gracias a Internet, a las redes sociales y al correo electrónico. Debemos aprovechar su potencial, pero es clave en estos tiempos poner en valor la importancia del contacto personal y las relaciones públicas. Debemos hacer saber a otros que existimos y debemos intentar que nos recuerden; para ello es imprescindible que nos conozcan en persona.

2. El valor de una empresa no se puede tocar.

Si el 80% del valor de una empresa reside en valores intangibles como la reputación, las relaciones con el entorno o su comunicación a la sociedad, es fundamental que las empresas se esfuercen en potenciar y mantener esos valores. No hacerlo puede alejarnos de la sociedad y sus públicos y, por tanto, nos lleva al distanciamiento con los clientes y puede perjudicar al negocio.

3. La tecnología facilita el contacto, la persona lo refuerza.

La tecnología puede facilitar el contacto con personas que no conocemos, por lo que hay que aprovechar esta herramienta. Sin embargo, también puede deteriorar la comunicación porque distancia y enfría. Una vez establecido un contacto de interés por medios tecnológicos, debemos esforzarnos en pasarlo al plano humano, hacerlo personal. De otra manera, perdemos oportunidades y no podemos detectar si nos están engañando.

4. Toda la sociedad puede hablar de nosotros.

La nueva sociedad hace que las empresas sean muy visibles y deben preocuparse de que su imagen sea la que se quiera proyectar. La sociedad percibe a las empresas como parte de ella, no sólo lo hace el cliente potencial. No todos van a comprar un producto pero sí van a hablar de él. Hay que mimar la relación con toda la sociedad y las percepciones que tienen.

5. Nuestra reputación la construyen los demás.

La reputación de una marca no es su edificio, su capital, su facturación o su logotipo. La reputación descansa en percepciones subjetivas de las personas que, además, hablan entre ellas. Debemos saber que nuestros mensajes tienen que ser entendidos y bien interpretados por otros porque son ellos los que construyen nuestra reputación y no nosotros.

6. Hay una forma de hacer bien las cosas.

El protocolo es una herramienta empresarial que sirve para hacer bien las cosas. Se trata de buscar soluciones que eviten que se perciba un problema. Comprende la buena educación, el sentido común y la escucha atenta. Está al servicio de las personas y no al revés; las personas no pueden estar presas del protocolo.

7. Las personas son lo que importan.

Si me dices algo por correo electrónico, por teléfono o por wasap, lo sabré. Si me lo dices cara a cara, lo recordaré. Y es que los grandes acuerdos pocas veces se cierran por teléfono, suelen darse en un encuentro personal y estrechando la mano. Igual que en todo proceso de selección, la última fase es la entrevista personal.

8. Los medios de comunicación crean la opinión.

La comunicación se dirige a los públicos y son los medios los que llegan a ellos. A los medios les interesa lo que interesa a sus audiencias. Hay que lograr que los mensajes sean atractivos para la sociedad y, entonces, los medios se interesarán y multiplicarán su llegada. El medio está para contar historias que interesen al lector, no para que los ejecutivos cuenten sus éxitos.

9. Las empresas van más allá del negocio.

Las empresas deben tener un compromiso con su entorno, lo que se denomina RSC o responsabilidad social corporativa. Se trata de poner en valor las acciones que la compañía realiza y comunicar aquellas prácticas de la empresa que van más allá de su negocio. Las empresas deben realizar algo más que su propia actividad; deben devolver al entorno lo que este les da.

95

10. Los demás deben conocer quiénes somos.

La opinión pública necesita de lugares comunes para formarse; esos lugares son los medios de comunicación. Debemos intentar que estos conozcan al máximo lo que hacemos y cómo lo hacemos. La importancia de la imagen es vital en este siglo. La opinión pública suele coincidir con la opinión publicada y los medios profesionales son claves; no tanto el llamado periodismo ciudadano.

11. Debe hablar siempre el que sabe comunicar.

El mejor portavoz de una empresa no es necesariamente el primer ejecutivo. Debe ser un profesional que conozca las claves de la comunicación. El mejor mensaje mal contado puede pasar a ser el peor de los mensajes. Ningún empresario pintaría su fachada sin ayuda de expertos. La comunicación es lo mismo: debe depositarse en manos de expertos y profesionales y no improvisar.

12. Las redes sociales complementan la comunicación.

Las redes sociales nos permiten llegar a todos los públicos con una proximidad, cercanía e inmediatez extrema. Pero el hecho de que sean fáciles de usar no implica que cualquiera pueda usarlas con un objetivo profesional de comunicación. No se trata de saber cómo llegar a más públicos sino qué es lo que queremos hacer llegar a ese público.

13. Sobre la comunicación externa.

Si no somos capaces de comunicar lo que hacemos al exterior, los demás no conocerán ni darán mérito a nuestro trabajo. De poco sirve hacer algo si nadie lo sabe; hay que contarlo y llegar a nuestros públicos. Es poco probable que vengan a preguntarnos, a comprarnos, si no saben que estamos. Si no hablamos de nosotros, otros lo harán y es posible que digan algo que no es verdad.

14. Los empleados son los mejores portavoces.

Existe una disciplina tan importante como la comunicación externa: la comunicación interna. Los trabajadores de una empresa son siempre los portavoces de la marca y los mejores embajadores. Las compañías deben preocuparse por mantener informados a sus empleados. Algo no funciona bien si un empleado se entera de cuestiones relativas a su empresa a través de los medios. Y suele suceder.

15. Si no nos conocen, no existimos.

La comunicación y la imagen en una empresa no son una obligación, pero sí son una necesidad. Cuanto mejor comunique una compañía, mejor imagen proyectará y se valorará más por los clientes. No es cuestión de comunicar al exterior como una estrategia de venta sino de entender que no hacerlo nos puede dejar descolgados del mercado. Los mercados no consumen el producto de alguien que no conocen.

16. La confianza sólo se gana una vez.

Cuesta mucho ganarse la confianza de una persona y poco perderla. Con las empresas y la opinión pública pasa lo mismo y por eso hay que ser claros y leales. El público puede perdonar un error, un accidente o un tropiezo, pero nunca va a perdonar una mentira. Alguien que mintió una vez puede volver a hacerlo. Y, si no se puede decir todo sobre una cuestión o un tema en concreto, hay que decir hasta donde se pueda, pero sin mentir.

17. Las cosas hay que hacerlas bien.

En las empresas está lo esencial y esto consiste en hacer las cosas bien según la ley. Luego está lo esperado, el producto, el servicio o lo que se ofrece al público. Y, después, está lo deseado, lo que el público recuerda como elemento diferenciador. Este tercer punto –que puede llevar al éxito– se sustenta en la responsabilidad de la empresa y las relaciones con sus públicos.

18. La comunicación debe prepararse de forma adecuada.

A la hora de preparar una intervención, hay que elaborar el mensaje de manera correcta. Una palabra o un gesto pueden alterar e, incluso, tergiversar el contenido del mensaje. Hay palabras prohibidas que no deben ser pronunciadas y hay actitudes que nunca deben emplearse. La importancia del control de la comunicación no debe dejarse a la improvisación sino a la supervisión de un profesional.

Vídeo del experto.

Marina Estacio

Amante y profesional de la comunicación personal. Fundadora de la revista digital Pruebate Magazine. *Conferenciante y formadora.*

LA COMUNICACIÓN PERSONAL, CLAVE PARA TU NEGOCIO

La comunicación e imagen personal juegan un papel fundamental en el desarrollo de los negocios. Los emprendedores deben tomar conciencia de que la imagen que proyectemos de nosotros mismos puede ser decisiva en asuntos tan importantes como conseguir financiación, encontrar un socio, llegar a un acuerdo o concertar una entrevista en un medio de comunicación.

Para que nuestra comunicación personal sea realmente eficaz, es necesario conocer y aprender a dominar los principales elementos y claves que ofrece esta potente herramienta. Su éxito depende en exclusiva de nosotros.

El emprendedor que no tiene en cuenta su propia estrategia de comunicación personal tendrá serias dificultades para alcanzar sus objetivos profesionales. Aprender a gestionar y a liderar nuestra comunicación ya no es una opción.

- Comunicación personal   • Imagen personal   • Marca personal

- Estrategia de comunicación   • Comunicación no verbal

1. No comunicar es imposible.

Está más que demostrado que el impacto de la comunicación no verbal es muy superior al de la comunicación verbal. Si no controlas lo que más comunica de ti, estarás perdiendo la oportunidad de ofrecer tu mejor carta de presentación. Puesto que no comunicar es imposible, deberás decidir qué información quieres transmitir y ayudarte de las herramientas de comunicación no verbal para conseguirlo.

2. Tu comunicación e imagen alineadas con tu negocio.

Es muy común encontrarse con emprendedores que, a pesar de ofrecer grandes productos o servicios, tienen serias dificultades a la hora de venderlos. ¿Por qué? Uno de los principales motivos es que los emprendedores no ofrecen una comunicación e imagen personal a la altura de su negocio. La idea es sencilla, ambos aspectos han de ser completamente coherentes con el tipo de producto o servicio que ofreces.

3. Lo que está en juego es tu propia reputación y la de tu negocio.

¿Por qué es tan importante tu imagen y, en definitiva, tu comunicación a la hora de vender un producto o servicio? Porque lo que está en juego es, en primer lugar, tu propia reputación como profesional. Si tu manera de comunicar o tu imagen no son las adecuadas, estarás poniendo en entredicho tu profesionalidad. En segundo lugar, si tu reputación personal se ve dañada, ten por seguro que también afectará a la reputación de tu negocio. No merece la pena, ¿verdad?

4. La primera impresión, tu mejor carta de presentación.

No hay una segunda oportunidad para causar una buena primera impresión. El ser humano es capaz de formarse una opinión acerca de los demás en tan sólo siete segundos. Cuando lo que nos estamos jugando es lo que nos da de comer, ofrecer una mala primera impresión es un lujo que no nos podemos permitir. Ofrece siempre tu mejor carta de presentación, no bajes la guardia porque nunca sabrás si la persona con la que te acabas de cruzar en la calle, en un pasillo o en un ascensor, podrá jugar un papel importante en tu carrera profesional.

5. No sólo hay que ser, sino también parecer.

Excelentes profesionales en ocasiones no llegan a alcanzar sus metas; muchas veces se debe a que no son capaces de hacer ver a los demás lo buenos que son en su trabajo. No basta con ser un buen profesional, también hay que parecer que lo eres. Una buena comunicación e imagen personal te ayudarán a conseguirlo. ¿De qué sirve ser un gran profesional si los demás no lo ven?

6. El elemento de venta más importante que tienes eres tú.

Muchos emprendedores creen que con ofrecer un buen producto o servicio ya basta. Están equivocados. Uno de los aspectos que más nos afecta en la decisión de compra es quién no vende ese producto o servicio. Por muy bueno que sea lo que ofreces, si tus posibles clientes perciben aspectos negativos en ti, ten por seguro que comprarán a la competencia. El elemento de venta más importante que tienes eres tú.

7. La imagen como herramienta de comunicación personal.

Tu imagen y tu postura corporal es lo primero que los demás verán de ti. Se convierten, por tanto, en una poderosa herramienta de comunicación personal que debes tener en cuenta en tu propia estrategia de comunicación. No olvides que quien infravalora el poder de la imagen pierde la oportunidad de influir en su entorno.

8. Dime dónde vas y te diré cómo debe ser tu imagen.

Una buena imagen es fundamental, pero es importante que cuidemos los detalles y demos a nuestra apariencia diferentes matices en función de con quién nos vayamos a reunir. Si decides poner una agencia de viajes de aventura, tu imagen deberá transmitir cierto dinamismo y un estilo fresco o desenfadado; pero, si vas a reunirte con un inversor para conseguir financiación para tu negocio, no podrás ir vestido al más puro estilo Indiana Jones, aunque tampoco como si fueras un afamado abogado. Adapta tu imagen al sitio y al perfil del interlocutor con el que te vayas a reunir.

9. Tu marca personal.

Todos tenemos una marca personal que debemos incluir en nuestra estrategia de comunicación y es muy importante trabajar sobre ella. Debes decidir y definir qué cualidades quieres proyectar como profesional, cuáles son los aspectos por los que te quieres diferenciar y qué es lo que te hace único. Resalta todos estos atributos de la mejor manera posible. Ahora te pregunto, ¿qué cualidades quieres que se nos vengan a la mente al escuchar tu nombre? Esa es tu marca personal.

10. Sé la mejor versión de ti mismo.

Nos pasamos gran parte de nuestra vida lamentándonos por aquello que no nos gusta de nosotros y olvidando todas las cosas bonitas que tenemos. Esto tiene un impacto directo sobre la autoestima y, por tanto, sobre la seguridad en uno mismo. Cuando emprendes y tienes tu propio negocio, la falta de seguridad en ti mismo es un lujo que no te puedes permitir porque eso lo proyectarás a los demás. Sé la mejor versión de ti mismo, acéptate tal y como eres, céntrate en tus puntos fuertes y poténcialos. Eres único e irrepetible.

11. El poder de la vestimenta y la elección de los complementos.

Cuanto más adecuada sea tu manera de vestir, mayor será tu poder de influencia sobre clientes e inversores, ya que proyectarás una imagen de mayor eficacia profesional. No olvides que tu vestimenta, además de favorecerte, ha de ayudarte a transmitir tu imagen deseada. Pon especial atención en los zapatos que escoges (que no estén sucios ni desgastados), el bolso, el reloj, las medias, la corbata.... ¡en todo! Un complemento mal elegido puede tirar por tierra tu imagen profesional; de poco sirve que vayas vestido de manera impecable si luego te pones un reloj publicitario. Cada una de las prendas de tu armario son herramientas de comunicación, así que, antes de vestirte, piensa ¿qué imagen quiero transmitir hoy?

12. Sonríe siempre.

La sonrisa es uno de los «accesorios» con los que deberías salir siempre de casa. Sonreír a tu interlocutor te reportará múltiples beneficios a nivel profesional. ¿Por qué? Las personas que sonríen son percibidas como más comunicativas, extrovertidas, amables, felices... por no hablar del efecto contagio que produce la sonrisa, de la capacidad que tiene para suavizar la tensión que puede haber en una determinada situación... ¿Sigo? A todos nos gusta hacer negocios con gente que sonríe. Así que jamás te olvides la sonrisa en casa.

13. El contacto visual. Mantener el contacto visual con tu interlocutor, en primer lugar, es una cuestión de pura educación, pero, cuando lo hacemos, proyectamos autoconfianza y seguridad en nosotros mismos. También es una muestra de honestidad; cuando decimos la verdad solemos mirar a los ojos, sin embargo, si mentimos se retira la mirada. Esta debe ser natural y, sobre todo, tiene que mostrar interés, no consiste en taladrar los ojos de la otra persona, esto incomoda muchísimo.

14. Aprende a escuchar. Durante una conversación no hay mayor placer que percibir que lo que estamos diciendo es interesante para los demás, que nos valoran y, por encima de todo, nos respetan. A nivel profesional, si quieres establecer relaciones fuertes y basadas en la confianza, pon en práctica el ejercicio de saber escuchar y no interrumpir. Aquellas personas que están encantadas de escucharse a sí mismas producen el efecto huida entre quienes están con ellas. En cambio, las personas que saben escuchar son las que consiguen favorecer la relación con los demás.

Vídeo de la experta.

Esther Molina

Periodista especializada en dirección, redacción y producción de programas de radio y televisión. Experta en comunicación y marketing digital.

CLAVES PARA AFRONTAR UNA ENTREVISTA EN UN MEDIO DE COMUNICACIÓN

Si acudes a una entrevista en un medio de comunicación para hablar de tu proyecto o empresa debes conocer de antemano algunos detalles que te ayudarán a crear el mejor ambiente posible con el entrevistador durante el desarrollo de la misma. Conseguir que haya química entre entrevistado y periodista es fundamental; estos consejos te ayudarán en gran medida a afrontar una entrevista de forma exitosa, ya sea en televisión, radio o prensa. El resultado te beneficia a ti más que a nadie, valora estas ventajas.

• *Periodismo*   • *Comunicación*   • *Entrevistas*

• *Medios de comunicación*   • *Mensaje*

1. Define bien tu mensaje.

Recuerda llevar un pequeño esquema mental con los puntos fuertes del mensaje que quieres transmitir. Para ello, procura contestar a las preguntas del entrevistador con frases cortas, respondiendo a lo que se te pregunta. Puede que al final te sobren minutos para entrar en detalles, nunca antes.

2. Prepara un buen discurso de presentación.

Puede pasar que se os pida que realicéis una breve presentación de vuestra idea: el clásico *elevator pitch*. Evita que el periodista te vea leer literalmente un papel con las líneas de vuestro discurso. Tráelo escrito y repásalo antes de empezar la entrevista, pero nunca durante el desarrollo de la misma.

3. Los datos de tu empresa.

Memoriza respuestas sencillas a las clásicas preguntas —qué, quién, cuándo, dónde y por qué—, las formas de contacto y las redes sociales de tu empresa. Es decepcionante que el responsable de un negocio no sepa su propio usuario de Twitter o de Facebook, su página web y el correo electrónico de contacto.

4. Vende tu proyecto con humildad.

A la hora de vender tu proyecto de cara a un medio procura mantener un tono lógico de orgullo pero humilde. Mantén los pies en la tierra; muchos periodistas hablan a diario con emprendedores que piensan que su *startup* va a cambiar el mundo. No permitas que la confianza en ti mismo y en lo que has creado se malinterprete como exceso de ego porque te dificultará futuras entrevistas.

5. No olvides la sonrisa.

La actitud con la que arranques en tu respuesta a la primera pregunta que te realicen en una entrevista es el 85% del resultado final. Mantén un talante positivo. ¿Has probado a sonreír al micrófono mientras hablas en el caso de una entrevista en radio y al entrevistador en televisión? Funciona.

6. Repite su nombre.

Es importante tratar de establecer toda la complicidad posible con el entrevistador a la hora de afrontar una entrevista. No resulta fácil porque seréis absolutos desconocidos pero conviene que sepas y recuerdes su nombre y que lo repitas de vez en cuando a lo largo de la entrevista para crear sinergia. El buen rollo es crucial.

7. Cuidado con los nervios.

En una entrevista los nervios nos pueden jugar una mala pasada cualquiera. Como es algo que se sabe de antemano, puedes evitar que estos se traduzcan en frases entrecortadas o silencios. Igual de importante es no titubear, los «ehhh…», «mmmm…» transmiten inseguridad. El resultado de la entrevista te beneficia a ti más que a nadie.

8. No te olvides de las tarjetas de visita.

Algo que nunca te debe faltar en el bolsillo son tarjetas de contacto de tu empresa. No están pasadas de moda; al contrario, son fundamentales. Una vez haya concluido tu participación en el medio, entrégalas para que el equipo siempre tenga tu contacto a mano.

9. Realiza un seguimiento.

Ofrécete a mantener informado al medio que acaba de entrevistarte sobre las novedades de tu empresa y otros contenidos que pienses que puedan interesarles para incluir en otras ocasiones. Hazles saber que has estado a gusto, siempre que haya sido así.

10. No escondas lo duro que fue empezar.

No te resistas a relatar los inicios complicados que afrontasteis tu equipo y tú. A los periodistas les interesa especialmente contar historias. Las que hay detrás del esfuerzo y el sacrificio que después dan lugar a triunfos profesionales destacan el aspecto humano de las empresas. Comparte la tuya.

11. Cuida los preliminares.

Preocúpate de los preliminares en las conversaciones que tengas con un periodista sobre tu proyecto a la hora de intentar conseguir cerrar una entrevista. Envía material de comunicación que ofrezca datos de interés: un argumentario, información clara y precisa sobre tu actividad que incluya los puntos fuertes de tu mensaje, etc. Y si puede ser 2.0, muchísimo mejor.

12. Envía material gráfico de calidad.

En especial en una entrevista para un medio impreso, siempre es interesante invertir tiempo, esfuerzo y algo de presupuesto adaptado a tus posibilidades que te permita mandar material gráfico de calidad: fotos en alta resolución, logos, vídeos, etc., junto a la información general de tu empresa. Esto siempre causará una buena impresión en el periodista que la recibe.

13. No se trata de salir en todos los medios.

Recuerda que no se trata de salir en todos los medios de comunicación existentes, sino de aparecer en los que guarden relación con lo que tú vendes. No insistas enviando notas de prensa a un periodista que ya te ha hecho ver que no le interesa tu producto porque puedes acabar en la bandeja de correo no deseado. Dedica tu atención a otro medio.

14. Crea videonoticias.

Si tienes la capacidad y los medios a tu alcance para crear material audiovisual con información sobre tu empresa en formato videonoticia, no lo dudes, hazlo. Marca la diferencia. No le ahorras trabajo al periodista. Puede ser susceptible de ser publicado en medios *online* junto al texto que acompañe a tu entrevista.

15. Busca el teléfono del redactor.

¿Has conseguido el correo electrónico de producción o redacción de un medio de comunicación que te interesa? Espera. Seguro que puedes encontrar un número de teléfono al que contactar para presentarte primero y ponerles sobre aviso de que te gustaría enviarles una propuesta de contenido que tal vez pueda interesarles. Si te dan la oportunidad, adelántales de qué se trata.

16. Personaliza tus notas de prensa.

Haz el esfuerzo de comprobar el nombre del periodista al que vas a dirigir información sobre tu empresa y pon el correo a su atención. Cuida los pequeños detalles. Una nota de prensa tiene más posibilidades de ser ignorada si no dedicas unos segundos para hacerla más personal y menos general.

17. Busca perchas informativas.

Busca perchas informativas a la hora de vender tus contenidos a un periodista. Sobre todo, evita generarle incertidumbre si ya te ha comprado la entrevista. No le engañes y no canceles la entrevista a última hora por una excusa que no sea de vida o muerte. A veces es muy difícil encontrar hueco a los contenidos y puede que no haya una segunda oportunidad.

Vídeo de la experta.

Mónica Pino

Experta en protocolo para la gestión de entrevistas, reuniones y otros eventos de carácter público y privado; organización de eventos y relaciones institucionales.

PROTOCOLO EMPRESARIAL, EL EMBAJADOR DE TU MARCA

Por definición, el protocolo es el conjunto de reglas de cortesía y formalidad que se siguen en las relaciones sociales, en los actos, tanto públicos como privados, y en las ceremonias diplomáticas y oficiales, pero sobre todo es comunicación; por lo tanto, es una herramienta poderosa para transmitir lo que queremos que se perciba de nuestra empresa.

Estas son algunas de las muchas píldoras protocolarias que deberían ingerir aquellos que quieran tomarse en serio la imagen de su empresa. Cómo nos comportemos, nos vistamos y cómo recibamos a nuestras visitas son algunos de los aspectos que harán que nuestra empresa se distinga de nuestros competidores.

- Protocolo   • Relaciones sociales   • Cortesía

- Marca personal   • Imagen personal

1. Somos embajadores de nuestra marca.

Empresarios, directivos y emprendedores deben ser conscientes en todo momento de que son embajadores de su marca y su negocio. Es fundamental que pongan especial atención a su aspecto y su forma de comportarse en cualquier situación para conseguir mayor éxito en las relaciones sociales y profesionales.

2. Sólo hay una oportunidad para causar una primera impresión.

Sólo se tiene una oportunidad para causar una primera impresión por lo que la imagen que proyectemos es la que se quedará para siempre en el recuerdo de quien nos recibe. Puede ser un potencial cliente, un posible socio, un promotor, un proveedor o un colaborador. Todos ellos personas importantes para llevar a cabo nuestra empresa. Como dice un refrán popular, «te reciben según te presentas; te despiden según te comportas».

3. Saludar de forma correcta.

Un saludo correcto es fundamental en cualquier encuentro para causar una buena impresión. El gesto de dar la mano siempre debe ir acompañado de una frase de cortesía del tipo «encantado de conocerle», si es la primera vez que ves a esa persona, o «me alegro de volver a verle», si ya habéis sido presentados anteriormente. El estrechamiento de manos puede transmitir muchos aspectos de la personalidad de alguien (su higiene, la textura de su piel), así como sus intenciones; debemos tenerlo en cuenta, no sólo para percibirlo de alguien, sino para transmitirlo de nosotros mismos.

4. Cómo transmitir seguridad, confianza y respeto con un gesto.

También es importante saber dar la mano de forma correcta; el «apretón» debe ser corto, de poco tiempo, unos segundos, pero a la vez firme y decidido para transmitir seguridad, confianza y respeto. Si es muy débil, podemos dar imagen de inseguridad, falta de energía, miedo o timidez. Si es demasiado fuerte, podemos incomodar a quien saludamos. Lo ideal es una intensidad moderada y no agitarla demasiado.

5. Presentar a los asistentes o invitados.

Existen ciertas normas protocolarias respecto a las presentaciones en las que se tienen en cuenta la edad, el sexo y el cargo. Los hombres son presentados a las mujeres, salvo que haya una diferencia de edad muy notable. En ese caso, se hará al revés. Entre dos personas del mismo sexo, el más joven es presentado al de mayor edad. Cuando existe una diferencia de rango social o jerarquía profesional, el inferior es presentado al superior. En la empresa, sólo se tendrá en cuenta la categoría profesional y no el sexo.

6. La invitación perfecta.

Invitar es comunicar a alguien el deseo de que asista o participe en una celebración o acontecimiento. Para invitar de forma correcta hay que resolver de forma adecuado estos cinco puntos: buscar el mejor canal de comunicación, decidir a quién queremos invitar, conocer dónde se encuentra para poder comunicarle nuestra pretensión, explicar al invitado de qué acontecimiento se trata y darle detalles acerca del mismo: dónde, cómo y cuándo se producirá.

7. La comida de negocios.

Una comida de este tipo es especialmente conveniente cuando se trata de conversar sobre temas específicos o cuando se quiere ganar la confianza de un cliente potencial sin adueñarse de otros momentos productivos de la agenda. Si hemos concertado una comida de negocios y hemos sido nosotros los que la hemos propuesto, nosotros invitaremos y escogeremos el restaurante en una ubicación conveniente para la otra persona o, por lo menos, en un punto intermedio. Procuraremos conocer con antelación los gustos personales a través de la secretaría o asistente de nuestro invitado.

8. Quien recibe despide.

Si recibimos en nuestra oficina a una visita con la que vayamos a mantener una reunión, al término de esta, le acompañaremos hasta la puerta para despedirnos. La cortesía es un sello más de distinción de nuestra marca.

9. La puntualidad, un gesto de cortesía.

La puntualidad es una de las normas básicas de la buena educación y un rasgo más de las buenas maneras y la cortesía. No haremos esperar a una visita más allá de la hora concertada salvo que sea inevitable. Si eres tú el que realizas la visita debes llegar cinco minutos antes de la cita, pero no mucho antes; llegar demasiado pronto tampoco es conveniente.

10. La sonrisa telefónica.

El protocolo es comunicación por lo que la forma en la que respondamos al teléfono también tiene importancia, seamos nosotros los que recibamos la llamada o el personal de recepción de nuestra empresa. Hay que mostrarse amable y receptivo en todo momento.

11. La actitud en una reunión.

Ante una entrevista o reunión procuraremos mirar siempre a los ojos de la otra persona, aunque sin intimidar; nuestro gesto facial debe ser relajado. No debemos cruzar los brazos o inclinar el cuerpo demasiado hacia atrás. Es importante transmitir seguridad, amabilidad y disposición al diálogo; esto facilitará la buena consecución de nuestros objetivos.

12. Preparación de la mesa de reunión.

La mesa de reunión se comenzará a preparar al menos con media hora de antelación. Todos los asistentes a la reunión deben contar con una carpeta con la documentación a tratar en la reunión, centrada en cada uno de los puestos. A la izquierda de la carpeta, habrá unos folios en los que poder escribir o tomar notas y, al lado de estos y con la punta hacia arriba, un bolígrafo. Centrado respecto a la carpeta, si la reunión es grande, un micrófono o intercomunicador y, por último, a la derecha, en la parte superior, una botella de agua con un vaso.

Vídeo de la experta.

Beatríz Recio

Directiva y emprendedora. Experta en nuevas tecnologías, comunicación y marketing. Especialista en marca personal.

DESCUBRE Y DESARROLLA TU MARCA PERSONAL

¿Por qué debe importarle la marca personal a un emprendedor o a una empresa? Trabajar tu marca personal –o potenciar la de tus empleados– probablemente hoy es una de las mejores inversiones que puedes hacer como individuo y como organización.

La marca personal relaciona quiénes somos, qué hacemos y qué se percibe de nosotros orientado y alineado con unos objetivos concretos. Es lo que te hace único. Se puede tener una gran marca personal pero totalmente desalineada con lo que queremos alcanzar. En doce breves píldoras, quiero transmitirte y convencerte de la importancia de desarrollar tu propia marca para conseguir diferenciarte y alcanzar el éxito profesional.

- *Marca personal*   • *Identidad digital*
- *Marketing para emprendedores*   • *Redes sociales*   • *Comunicación*

1. De Chiquilicuatre a Brad Pitt.

Como en todo, por mucho que trabajes tu marca personal no te vas a convertir en Brad Pitt si eres el Chiquilicuatre. Eres lo que eres, pero la buena noticia es que puedes llegar a tener una marca personal más fuerte que la de profesionales con más currículum que tú si generas confianza a través de tu trayectoria, tu actitud y tus valores.

2. Hoy me siento ambivalente.

Saber conversar es un arte pero, además, saber hacerlo en una reunión de negocios puede ser la clave del éxito. Y lo mismo pasa en las redes sociales. Hay que saber mantener un equilibrio entre los temas de nuestras conversaciones o lo que queremos transmitir. Los especialistas solemos recomendar que, tanto en un entorno de negocios, como en los contenidos que subamos a nuestros perfiles sociales, debemos tratar temas profesionales pero también personales con un porcentaje de 80%-20% o 90%-10%. Muéstrate humano, comenta algún tema más personal, un viaje, una canción, pero no aburras con tus «hoy me siento ambivalente», porque las redes con peso específico en tu imagen profesional no son el foro para tratar asuntos demasiado íntimos.

3. Los secretos del corazón.

Mostrarte demasiado profesional, distante y frío, sin hacer referencia a tu parte más humana, tampoco es una buena política a la hora de trabajar tu marca personal. ¿Qué pasa, no tienes alma? A todos nos gusta saber con quién tratamos y sube enteros el percibir que al otro lado hay un corazón que ríe, llora, se emociona y late como el nuestro.

4. Lo que pasa en Las Vegas...

Lo que pasa en Las Vegas, se queda en Las Vegas, y lo que pasa en Internet... se queda en Internet. Aunque hay formas de borrar la huella digital, en primera instancia dejas un rastro fácil de seguir. Sé prudente y piensa que lo que hoy das por cierto, mañana puede ser muy diferente. Sin embargo, tú habrás quedado etiquetado en función de tus opiniones y actividad en la Red.

5. La mejor inversión.

Tu marca personal te acompañará en adelante con independencia de en qué o para quién trabajes. Si no estás en Internet o en las redes sociales, no existes. Ni para las empresas, ni para los empleadores, ni para tus clientes. Asegúrate de tener una huella digital positiva, constante, coherente y veraz.

6. Y tú con esos pelos.

Tu marca personal tiene un pie en el mundo digital y otro en el mundo real. No descuides tu imagen personal: tu pelo, tus manos o tu ropa, ni tus herramientas de comunicación como tu dicción o la modulación de tu voz. Sé coherente con tu mensaje. Acompaña tu fondo con tu forma. Porque no hay nada más penoso que ser desvirtualizado y ver la decepción en los ojos de nuestro interlocutor.

7. ¡Sí!, tú también tienes marca personal.

Todos tenemos una marca personal. La huella o impresión que dejamos en los demás ha existido siempre. La diferencia es que hoy, con las redes sociales, contamos con herramientas capaces de amplificar enormemente el eco de esa huella y es imprescindible gestionarla muy bien. Ponte las pilas. Aprende a gestionar ya tu activo más importante: Yo S.L.

8. ¿Quién eres? ¡Descúbrete!

La marca personal no consiste en inventar un personaje, sino en descubrir a la persona y al profesional y comunicar su valor. Necesitas primero un adecuado autoconocimiento de ti mismo y luego saber cómo contar quién eres y lo que tienes de especial, por qué vías y con qué lenguaje. Consulta a un especialista en marca personal si no te ves capaz o no tienes tiempo de hacerlo.

9. El vendedor de humo.

A la hora de seguir estrategias, lo que básicamente necesitas para gestionar tu marca personal de manera correcta es constancia, autenticidad y coherencia. Olvídate de pretender ser quien no eres. A largo plazo, tu personaje sólo te traerá problemas, tensiones y malestar. Que existen vendedores de humo, sí que los hay. Siempre los ha habido, pero espero que a ti no te apetezca ser uno de ellos.

10. Calma y generosidad. Estamos invadidos por las redes sociales: Facebook, Twitter, Google+, LinkedIn... Si no eres un experto en redes sociales te va a resultar difícil gestionar tu marca en todas ellas. Además, quizás no todas sean adecuadas para tus objetivos. Analiza en cuáles te conviene estar. Sé constante. Comparte tus conocimientos y difunde los de los demás. La generosidad en las redes tiene recompensa.

11. ¡Es ahora! Investiga en Internet las herramientas con que cuentas para gestionar tu marca personal. Encontrarás muchas posibilidades: en el caso de Twitter, por ejemplo, puedes averiguar cómo detectar seguidores falsos, quién ha dejado de seguirte, qué difusión ha tenido uno de tus *hashtags* o de dónde son tus seguidores. Aprende a no ser un sujeto pasivo de las redes sociales. ¡Pasa a la acción!

12. El eco de tu voz. Si aún no tienes perfiles en redes sociales, ábrelos ya. Sigue las instrucciones. En general, todas estas herramientas son muy intuitivas. Completa tu perfil y empieza a comunicar quién eres, qué haces, qué te emociona, qué aprendes cada día... todo con sentido común y sensatez. Muestra cómo eres, pero recuerda que ahora tienes un altavoz que llega a todas partes. Y digo a todas.

 Vídeo de la experta.

Juanma Romero

Emprendedor. Feliz, casado y con seis hijos. Trabaja en TVE, donde dirige y presenta @emprendeTVE. Fundador de Hazte Visible. Networker y formador. 30 años como #periodista.

12 CONSEJOS PARA CONSEGUIR VISIBILIDAD EN LOS MEDIOS DE COMUNICACIÓN

La necesidad de hacer una buena comunicación para conseguir visibilidad en los medios, llegar de forma adecuada a los públicos de interés y transmitir tu mensaje de una forma eficaz, es un hecho. En los cursos y talleres que imparto para lograr esta efectividad con los medios y generar magnetismo personal me doy cuenta de las carencias de los emprendedores y también de los ejecutivos de pymes y grandes empresas a la hora de comunicar. Es frecuente que estos no sepan cómo lanzar el mensaje adecuado o desconozcan cómo dirigirse al periodista. Se trata de lograr que dejemos de ser personas para convertirnos en personalidad.

- Visibilidad
- Magnetismo personal
- Comunicación
- Periodismo
- Presencia en medios

1. El periodista no es Dios.

Piensa que el periodista es un ser humano como tú, con problemas como tú y con necesidades como tú. No es distinto a ti ni pretende serlo. Si tienes algo interesante que ofrecerle, ofréceselo, pero no intentes venderle motos ni humo. Lo que quiere el periodista es dar a su público informaciones interesantes, ya sea en prensa, radio, televisión o cualquier otro formato. Si lo que propones es interesante probablemente lo publicará. Si es pura publicidad, irá a la basura.

2. No lances campañas indiscriminadas para toda España.

Céntrate en las autonomías. Si a los medios regionales les ofreces contenidos relacionados con su región es más fácil que lo publiquen. Si se trata de contenidos de carácter nacional es muy posible que no lo saquen. Excepto en las grandes poblaciones, a la gente le interesa más «el problema del bache de su calle» que la macroeconomía.

3. Preocúpate de hacer caja, no de hacer política.

Hablando de comunicación, no se hace caja consiguiendo dinero (eso vendrá después), sino consiguiendo visibilidad. Para ello piensa que si le vas a mandar una información a un medio nacionalista de una autonomía bilingüe, debes mandarlo en los dos idiomas. Si no lo haces así y lo envías solo en castellano, tu comunicado irá a la papelera. Si es un medio que publica en castellano y se lo envías en el otro idioma, probablemente también vaya a la basura. Manda tus informaciones en ambos idiomas. Recuerda que tú no estás ahí para hacer política sino para lograr visibilidad.

4. Salir en los medios no lo es todo.

Muchos emprendedores se empecinan en salir en los medios a toda costa. Y se olvidan de hacer caja. Si estás montando una empresa, el orden lógico es tener la idea, ver si la gente está dispuesta a pagar por ella, montar la empresa y empezar a funcionar. Esto significa que tienes que darte a conocer pero, antes que eso —o la vez—, tienes que facturar porque si no lo haces tendrás que cerrar y se acabó el negocio.

5. No olvides los imponderables.

Por muy bien que hayas preparado una campaña de comunicación, piensa que se puede torcer. Recuerda los días en los que se desató el escándalo de Gowex cuando su fundador reconoció que llevaba varios años falseando los contratos. Si por aquel entonces hubieras preparado una campaña sobre tu empresa para esas fechas y esta estuviese en el Mercado Alternativo Bursátil (MAB), lo mejor habría sido no seguir con ella. Sin duda, te habría perjudicado. En ese caso lo mejor sería dejar que pasara el escándalo. En muchas ocasiones nos resulta imposible controlar la situación.

6. Aprovecha el Día de...

Cuando vayas a lanzar una campaña de comunicación intenta aprovecharte del Día de... siempre que sea posible. El Día Internacional de... —la Mujer, el Trabajador, etc.— sirve de percha como método para lograr visibilidad. Los medios de comunicación suelen ser muy receptivos a este tipo de celebraciones para sacar informaciones relacionadas con el tema.

7. Si tienes un amigo periodista, aprovéchalo.

Pero no seas aprovechado. Pídele ayuda, pero sin pasarte. Quizá pueda sacarte en su medio si tu proyecto es de interés y tiene relación con la temática del programa o del medio que sea. Si no fuera así, seguro que tiene un compañero o amigo de la profesión al que sí le podría interesar y ser más afín. Puede ponerte en contacto con ese otro periodista pero, eso sí, no le hagas quedar mal.

8. Aprovecha las redes sociales para lograr más visibilidad.

Cuando salgas en un medio de comunicación no dejes pasar la ocasión de darlo a conocer. Si sales en televisión, consigue el vídeo, ponlo en tu canal de YouTube y viralízalo a través de tus redes sociales, principalmente, aunque no de forma exclusiva, mediante Facebook y Twitter. Piensa que si sales en un medio pero sólo se enteran unos pocos no te servirá de mucho. Tienes que lograr vender tu presencia. Yo siempre digo que no quiero salir en *The New York Times,* lo que realmente quiero es el PDF del artículo en el periódico para poder demostrar que he salido en él.

9. Pónselo fácil al periodista.

No le compliques la vida. Eres tú quien quiere salir en su medio. Si le envías un comunicado asegúrate de que está en un formato adecuado que pueda leer todo el mundo. No se lo envíes con la última versión de tu maravilloso programa informático porque quizá no disponga de ella, no lo pueda leer y vaya a la papelera. Si va a necesitar imágenes, ofréceselas, luego ya decidirá él si las utiliza o las busca por otros medios. Piensa que el periodista recibe decenas de correos todos los días con propuestas de temas y tienes que lograr que te elija a ti.

10. Nunca pidas las preguntas por adelantado.

Ni se te ocurra decirle a un periodista que te envíe las preguntas de la entrevista. Su cabreo puede ser monumental y la consecuencia podría ser que no te haga la entrevista o que te la haga pero el resultado no sea tan positivo como el que tú esperas. Hay métodos más sutiles como decirle que estás a su disposición si quiere que comentéis antes algo antes sobre la entrevista que se va a realizar. Si el periodista declina tu ofrecimiento, no insistas. ¿Te imaginas que se va a realizar una entrevista a un político y su gabinete de prensa pide de antemano las preguntas? Seguro que hay alguno que lo hace... ¡allá ellos!

11. Ofrece al periodista asuntos de interés social.

Envía siempre contenido publicable, interesante, sin publicidad, que trate o tenga relación con temas de actualidad pero, sobre todo, que sea relevante para el público al que quieres dirigirte. Deben estar redactados correctamente y ser legibles.

12. No seas pesado ni avaricioso.

Si consigues que publiquen un reportaje sobre tu empresa sé agradecido y no te empeñes en volver a salir en el mismo medio al poco tiempo. Los periodistas se cansan de aquellos que no tienen medida y creen que su empresa es lo único importante y digno de aparecer en los medios. Si te pones pesado lograrás que el periodista no te vuelva a atender.

Vídeo del experto.

MARKETING
DIGITAL

Cristina Álvarez

Licenciada en Bellas Artes, asesora en marketing digital, consultoría estratégica de marketing online y diseñadora web.

UNA BUENA IMAGEN EMPIEZA CON TU PÁGINA WEB

El uso de las nuevas tecnologías y la creación de una página web están en cierto modo relacionados con el incremento de las ventas y de la productividad de las empresas. Es de suma importancia llegar a los clientes de una manera sencilla y masiva; para ello, nada mejor que hacer un buen uso de las redes sociales y una web de calidad para estar indexado a Google y aparecer en los motores de búsqueda así como para dar confianza al cliente. Con estos consejos, busco enriquecer la comunicación online de los emprendedores y ayudarles a alcanzar sus objetivos.

También pretendo dar soluciones a los problemas más frecuentes que pueden encontrar en Internet desde su inicio: asesoramiento en el registro de un dominio, cómo hacer una página web, qué características debe tener en función del negocio del que se trate, su posicionamiento en buscadores y las diferentes estrategias de marketing online que pueden elaborar para dar a conocer su negocio en Internet, como redes sociales, email marketing, etc.

- Diseño web   • Páginas web   • Posicionamiento web

- SEO   • Vídeo marketing

1. Ten claro el modelo de negocio de tu empresa.

Tu web debe ser un fiel reflejo de tu empresa o negocio. Si no tienes claro el modelo de negocio de tu empresa, es decir, no tienes bien definido a quién te diriges, qué características tiene la persona que va a leerte, cuáles son las secciones principales y cómo mostrar tus servicios y productos, puedes confundir al posible cliente y este posiblemente te rechace.

2. Debes estar disponible en todos los dispositivos.

La mayoría de los consumidores acceden a las páginas web a través de varios dispositivos, por lo que nuestro sitio web tiene que estar diseñado para dar respuesta y proporcionar una experiencia de calidad, con independencia de cuál sea el dispositivo desde el que se acceda. Introducir este cambio en nuestra web puede aumentar nuestras ventas hasta en un 29%. ¿A qué estás esperando para adaptar tu web?

3. Añade contenido en vídeo a tu web.

¿Sabías que nuestro cerebro procesa la información visual hasta 60.000 veces más rápido que la información escrita? Los usuarios prefieren ver vídeos en los que mostremos o expliquemos nuestros productos y servicios, antes que leer sobre ellos. Introducir ese cambio en tu web puede aumentar tus ventas hasta en un 86%. ¿Necesitas más motivos para añadir vídeos a tu web?

4. Sé global y multicultural.

A la hora de diseñar una página web debemos tener en cuenta el factor de que Internet es global y nuestros consumidores pueden estar en cualquier parte del mundo. Desarrollar tu página web en varios idiomas te ayudará a ganar audiencia con rapidez. Incorporar este cambio puede suponer un aumento en las ventas de hasta un 200%.

5. ¿Cómo comenzar a posicionar tu web en Internet?

Una vez creada la web, hay que posicionarla en Internet. Para ello, es fundamental que el contenido sea original, que planifiques cuáles son las palabras clave de tu sector y que cuides la descripción y los títulos; además, es muy positivo tener un blog en el que demuestres que eres un experto en tu materia. Por último, debes utilizar las redes sociales correctamente.

6. ¿Cómo escribir buenos títulos para SEO?

El objetivo de cualquier página web es llegar al mayor número de personas posible. Para conseguirlo, una clave muy importante es dar respuesta a sus dudas. Para ello, los títulos deben llevar implícita una pregunta que dé respuesta a ellas, amplíen información o enseñen algo nuevo. Por ejemplo, si tienes una página web en la que vendes corbatas, un buen título sería: ¿Cómo hacer un nudo de corbata Windsor?

7. Estar en las redes sociales.

Cuando a alguien le gusta un artículo, una página web o un producto, quiere compartirlo con sus amigos, lo que provoca un mayor número de usuarios y de posibles clientes. Las redes sociales son el mejor escaparate para que podamos dar a conocer nuestros productos o servicios. Por tanto, es fundamental que coloquemos, en nuestra web, botones con acceso a las diferentes redes sociales para que se pueda compartir.

8. Todas las acciones que llevemos a cabo en Internet se deben de medir.

Medir nuestras acciones es fundamental. Hay varias herramientas gratuitas que nos ayudarán a comprobar las visitas que está teniendo la web, con qué palabras clave se está posicionando, por cuáles acceden los usuarios a ella, el tiempo que pasan navegando por la página y muchas otras funciones te ayudarán a mejorar el posicionamiento de tu sitio web.

9. ¿Cuál es el tipo de web que necesito?

Existen varias técnicas a la hora de diseñar una página web. Tienen diferentes propiedades, costes y dificultades de elaboración. Saber qué tipo de página web necesita un negocio es crucial para el correcto funcionamiento del mismo y de tu página. Mi recomendación es que te dejes aconsejar por un buen profesional del diseño web. Él sabrá cuál es la mejor para tu caso.

10. ¿Qué dominio le pongo a mi página web?

.com, .es, .info, .net... Lo que nos va a hacer elegir entre una u otra será, para empezar, el lugar geográfico en el que queramos desarrollar nuestra actividad. Por ejemplo, si es un comercio local o una empresa que sólo operará en el territorio español, elegiremos .es. Así que, antes de comprar un dominio, debemos estudiar muy bien dónde y a quién va a ir dirigido nuestro negocio o servicio.

11. Pensar que el diseño web no es responsabilidad de los informáticos.

Pensar que el diseño web es sólo responsabilidad de los informáticos o diseñadores es un error; toda la responsabilidad es del emprendedor –vamos, tuya– y la página web será tanto mejor cuanto más sepas trasladar lo que quieres al diseñador. Es aconsejable navegar mucho por Internet, tomar como referencia las páginas web que te hayan gustado, ya sean de tu sector, tus competidores o cualquier otro.

12. Una buena página web no es sólo «bonita».

Si sólo te preocupa lo «bonita» que es tu página web, estás cometiendo otro de los errores más comunes. Debes tener en cuenta la usabilidad; como, por ejemplo, los clics que hay que dar hasta llegar a determinado sitio, los contenidos que vas a compartir, su posicionamiento en Google y sus funcionalidades. Si optimizas la navegación por tu web haciéndola usable, evitarás que los usuarios se cansen de navegar y abandonen la web por no haber encontrado la información que desean.

Vídeo de la experta.

Lola Baños

Directora de comunicación de Facebook. Coordina, diseña y gestiona las estrategias de comunicación de la compañía en España. Directora y fundadora de la agencia On&Off Communications.

HAZ CRECER TU NEGOCIO CON FACEBOOK

La misión de Facebook es hacer el mundo más abierto y conectado. Facebook conecta a casi 1,4 millones de personas con amigos y empresas y permite construir relaciones duraderas con estas, así como encontrar nuevos clientes y aumentar la visibilidad. Para ello, ofrece soluciones adaptadas a sus objetivos de marketing; combina soluciones gratuitas como las páginas, un escaparate al mundo que da acceso a muchos clientes potenciales y soluciones publicitarias que se adaptan a todos los bolsillos.

Los anuncios de Facebook permiten a las pymes presentar sus productos a las personas que tienen más probabilidades de convertirse en clientes y también hacer un uso eficiente de su presupuesto de marketing. Tanto si el objetivo es impulsar las ventas en la tienda o en Internet, como aumentar la notoriedad o promocionar una aplicación móvil, Facebook dispone de soluciones publicitarias específicas para cada uno de los objetivos comerciales. Con estas píldoras aprenderás a sacar el máximo rendimiento a tu negocio.

• *Facebook*   • *Negocio*   • *Clientes*

• *Marketing*   • *Pymes*

1. El universo Facebook y las pymes.

Hay más de 30 millones de pymes con una página en Facebook y, de ellas, 19 millones gestionan su página desde el móvil, lo que les permite estar en contacto con sus clientes en todo momento y desde cualquier lugar. Facebook tiene 1.390 millones de usuarios en el mundo, 20 millones en España al mes y 303 millones de conexiones con pymes en Facebook. Esto representa un mundo de posibilidades que debes explorar para desarrollar con éxito tu negocio.

2. Los usuarios están conectados con las pymes.

De los 20 millones de usuarios que tiene Facebook en España, un 73% está conectado con un negocio local. Ya seas una pyme o un emprendedor, Facebook pone a tu disposición una audiencia de potenciales clientes que te permitirá incrementar tus ventas o dar a conocer tu negocio.

3. El marketing de personas.

Por otro lado, Facebook estimula la innovación y tiene un impacto positivo en el crecimiento y éxito de un negocio. Además muestra la llegada de una nueva era: la del marketing personal, es decir, aquel que se hace alrededor de las personas, que ha demostrado ser el mejor. Con la llegada de los medios de comunicación masivos, el marketing se convirtió en algo menos personal. Con la llegada del teléfono móvil, las personas esperan que las marcas les traten como individuos y con Facebook esto es posible.

4. El negocio es móvil... y el formato, el vídeo.

Si eres una pyme y tienes una página en Facebook, eres una empresa móvil. Con una actualización puedes llegar a tus clientes en cualquier dispositivo, en cualquier parte del mundo. Cada vez consumimos más vídeo desde el móvil, el número de pymes en todo el mundo que actualiza vídeo en Facebook se ha duplicado en el último año y el número de vídeos publicados por cada persona ha aumentado un 75% en todo el mundo. Para aprovechar todo el potencial de tu negocio, no necesitas un vídeo de gran calidad, además con 30 segundos de duración sería suficiente. Tampoco necesitas ir una agencia para crear un vídeo relevante, tú puedes hacerlo con tu móvil y con un programa básico para editar vídeo.

5. Facebook te facilita la segmentación de audiencias.

Tanto para aprovechar las oportunidades en móvil como de vídeo, ten claro tus objetivos de marketing. ¿Qué quieres conseguir? Con Facebook puedes incrementar el tráfico a tu web, dirigir ventas a tu tienda física o, simplemente, incrementar el reconocimiento de tu marca. La mayor ventaja de tener presencia en Facebook es que permite a las empresas encontrar exactamente a los clientes que más les interesan y, además, de forma muy precisa gracias a las potentes herramientas de segmentación. Facebook te ofrece resultados en cada uno de los pasos del proceso de compra y te ayuda a construir relaciones más estrechas con tus clientes a través de la recomendación.

6. La importancia de la creatividad y el contenido.

Una página en Facebook necesita seguidores que interactúen con ella y, por lo tanto, con tu producto o servicio. El contenido y la creatividad juegan un papel fundamental. La buena creatividad en Facebook es mantener una conversación auténtica con tus clientes, lo que te permitirá interactuar con las personas que te importan como negocio.

7. Inversión y medición de resultados.

Puedes ajustar tu presupuesto a las necesidades de tu negocio. Puedes optimizarlo y medir el retorno de tu inversión en tiempo real. Facebook tiene una serie de programas para ayudarte a mejorar tu presencia en él y aprovechar al máximo tu inversión publicitaria. Si estás empezando, puedes contactar con un agente de

Facebook para crear tu primera campaña paso a paso. Y para ayudarte a hacer crecer tu negocio cuentan con un equipo de especialistas que te asesorarán durante cuatro semanas. Además, ofrecen soporte por correo electrónico a todos aquellos anunciantes activos en la plataforma cuya inversión haya sido de al menos un céntimo en los últimos seis meses. Puedes contactar con el equipo de Facebook cuando lo necesites en www.facebook.com/business/resources.

 Vídeo de la experta.

Philippe González

Franco extremeño. Director digital de AMC Networks Iberia y Latam. Fundador de Instagramers, la mayor comunidad mundial de fans de Instagram.

MARKETING Y FOTOGRAFÍA SOCIAL, UNA OPORTUNIDAD PARA TU NEGOCIO

El auge de la fotografía móvil y de la red social Instagram son una gran oportunidad para la comunicación y el marketing de las empresas. Instagram permite compartir fotos y vídeos entre otros usuarios y en otras redes sociales como Facebook, Tumblr, Flickr y Twitter; además proporciona otras funciones como la aplicación de efectos fotográficos (filtros, marcos, colores, etc.).

Aunque Instagram tenga mucho que ver con Twitter y otras redes sociales, no están de más unos cuantos consejos básicos para sacarle el máximo provecho a esta red social que cuenta ya con más de.300 millones de usuarios en el mundo. Desde cómo crear tu cuenta y elegir el mejor nombre de usuario hasta cómo organizar un concurso o una campaña promocional para tu empresa.

• Instagram   • Aplicaciones móviles   • Redes sociales

• Marketing digital   • Fotografía social

1. ¿Por dónde empezar?

Instagram es una aplicación gratuita para iOS, Android y Windows 8. Descárgala sin coste y crea en un par de minutos tu cuenta de usuario con tu correo electrónico o tu cuenta de Facebook. Procura elegir el nombre de usuario más representativo y utiliza si puedes el mismo que usas ya en Twitter o uno muy parecido. Si tienes una marca registrada puedes solicitar oficialmente a Instagram recuperar tu nombre oficial.

2. Red social de referencia.

Con más de 300 millones de usuarios por todo el mundo, Instagram se ha convertido en una red social de referencia. Comparada con el «Twitter de las fotos», hoy es más que una red social fotográfica. Es una plataforma de información y una oportunidad para la comunicación y la promoción de los productos o servicios de tu empresa. ¡Retrátate en Instagram y seguro que tu empresa saldrá bien en la foto!

3. ¿Cómo rellenar correctamente tu perfil?

Dedícale 15 minutos y completa correctamente tu perfil de usuario. Define quién eres y elige una buena foto o el logo de tu empresa, tu marca. Aprovecha también el espacio para poner tu dirección de correo, web o tu perfil de Facebook. Un enlace permite a los demás usuarios acceder directamente a tus sitios web desde Instagram. Aprovecha esa forma de darte a conocer y conectar de manera directa con tus potenciales clientes.

4. ¿Cómo promocionar el perfil de tu empresa?

No olvides hacer referencia al lanzamiento de tu nueva cuenta en Instagram en las demás redes sociales como Facebook o Twitter y, por supuesto, en todos los soportes de comunicación de tu empresa. Promociona el nombre de la cuenta en tus anuncios en prensa, tarjetas de visitas, correos o anuncios en televisión y, sobre todo, en tu página corporativa donde deben aparecer los iconos vinculados a tus principales redes sociales.

5. ¿Qué tipo de fotos debo subir para promocionar mi empresa?

Te aconsejamos seguir la guía de estilo o comunicación de tu empresa. Es importante que lo que dices en Instagram esté en línea con lo publicado en Facebook o Twitter ya que están muy relacionadas. Instagram es una oportunidad única para compartir de forma inteligente lo que no se ve de tu empresa, las personas que la conforman, los procesos de calidad o de producción y las novedades que se lanzan.

6. ¿Qué tipo de comunicación de empresa hay que emplear en Instagram?

Instagram es una comunidad de amigos y los usuarios esperan recibir un trato cercano tanto para consultas como para quejas. Pueden aparecer clientes por una reclamación pero es muy poco habitual; los usuarios suelen preferir Twitter para esto. En cualquier caso, la transparencia y el carácter cercano, así como un tono positivo y humano, es lo más adaptado.

7. ¿Cómo usar el vídeo en Instagram?

El vídeo es una buena alternativa a la foto en Instagram. No obstante, es más complicado obtener un resultado atractivo en un vídeo que en una foto. Una foto sencilla retocada con unos filtros de Instagram seguro que quedará bien. El vídeo requiere de una cierta concentración, reflexión y creatividad. Las empresas suelen usarlo durante eventos, entregas de premios o actividades en directo.

8. ¿Cómo usar bien las etiquetas?

La categorización por palabras claves, llamadas etiquetas o *hashtags,* permite buscar la información relacionada o crear campañas virales en Instagram. Usa un *hashtag* adaptado al vídeo o la foto que acabas de subir; 3 o 4 etiquetas en las fotos bastan. Puede ser #nombredetuempresa #lugar #evento o el #nombredeunacampaña.

9. ¿Debo usar filtros de edición en mis fotos?

Instagram dispone de una quincena de filtros que te permiten sacarle el máximo provecho a tus fotos como si se tratase de un Photoshop en el móvil. También ofrece unas herramientas de edición para realzar contrastes, calidez, profundidad de campo, etc. Utiliza los filtros para darle un toque artístico a tus fotos. Además, existen aplicaciones de edición de fotos en tu móvil que te permiten añadir textos, iconos o logos.

10. ¿Cómo usar la geolocalización?

Si tu empresa es un comercio relacionado con la hostelería, el turismo o el comercio de proximidad, la geolocalización de tus fotografías es esencial. Las fotos subidas a tu cuenta promocionan el establecimiento ante miles de otros usuarios y de forma gratuita. No olvides autorizar la aplicación de Instagram para geolocalizar tus fotos. Te podrán encontrar clientes a través del buscador geográfico.

11. ¿Cómo organizar un concurso?

Es recomendable que las empresas organicen concursos de fotos o vídeos cortos en términos de plazos. Los concursos deben durar un mínimo de dos semanas y, como mucho, de cuatro a cinco, salvo casos y premios excepcionales. Los concursos largos acaban perdiendo interés frente a otras acciones y la etiqueta usada se pasa de moda.

12. El uso de famosos en el marketing de tu empresa.

En el caso de tener esa gran oportunidad, puedes recurrir a personas famosas o embajadores de tu marca para dar a conocer tu cuenta de empresa o productos. Eso sí, nunca etiquetes a famosos sin su consentimiento en tus fotos y para llamarles la atención. No es correcto y no está bien visto.

13. Contratar a embajadores de tu marca.

Muchas empresas recurren a usuarios famosos o con muchos seguidores como vehículo para sus acciones de marketing. Puedes contactar con los usuarios que te interesen para invitarles a tus eventos o contratarles para que te ayuden a dar a conocer tu cuenta de forma inteligente y hábil a través de sus fotos.

14. Comercio electrónico e Instagram.

Instagram no es una plataforma con fines comerciales, pero permite dar a conocer tus productos o servicios en situaciones de la vida real y a través de una plataforma muy amigable. Puedes usar el vínculo a tu web o tu tienda de comercio electrónico desde los detalles de tu perfil. ¡Aprovéchalo!

15. El uso del vídeo HyperLapse en Instagram.

El fenómeno Timelapse también llega a Instagram con la aplicación de Hyperlapse. Esta aplicación independiente, pero propiedad de Instagram, te permite realizar vídeos curiosos acelerando el curso de las cosas y dando una sensación de resumen rápido de todo lo que pasa en tu oficina, almacén o cocina de tu restaurante.

16. ¿Qué idioma usar?

Por regla general, el idioma que uses dependerá de tu público objetivo. Si tu empresa está centrada en un negocio de habla hispana, usa el español. Si tienes un mercado internacional, puedes usar el inglés o crear dos cuentas, una en español y otra en inglés.

17. La mensajería directa.

Instagram ha introducido recientemente la mensajería directa entre usuarios. Es interesante usar esa herramienta con los seguidores de tu marca para mandarles algún mensaje personalizado o invitarles a un evento. Si el usuario en cuestión no te sigue, deberá aprobar la conexión antes de que le llegue el mensaje.

18. ¿Cómo recuperar tu cuenta oficial en Instagram si alguien ya se dio de alta con ese nombre?

Muchos usuarios avispados se dieron de alta con nombres de cuentas de empresas famosas. Instagram permite que recuperes tu nombre de usuario similar al nombre de tu marca pero deberás rellenar un formulario en help.instagram.com y seguir un proceso de aprobación por parte del equipo jurídico de Instagram. Las marcas registradas y protegidas son las más fáciles de recuperar.

Vídeo del experto.

Tíscar Lara

Directora de Comunicación de la Escuela de Organización Industrial (EOI). Experta en redes sociales y cultura digital.

YOUTUBE, EL CANAL QUE TE HACE VISIBLE

Cualquier decisión de compra hoy empieza o termina por una búsqueda en Internet, ya sea para comparar precios o encontrar mejores productos. Lograr un buen posicionamiento en Internet es imprescindible para cualquier emprendedor y contar con una página web ya no es suficiente para lanzar un negocio. Por eso, tener una buena estrategia de comunicación digital que sepa aprovechar el potencial de las redes sociales es fundamental para llegar al cliente, a un posible socio o a un deseado inversor.

Dentro de esta estrategia, resulta imprescindible incluir YouTube como parte de la planificación. Este sitio web, además de ser la plataforma de vídeo por excelencia, es el segundo buscador más importante de la Red y cuenta con más de 1.000 millones de usuarios. YouTube supone una oportunidad para tu negocio; hará que destaques, te diferencies y te ayudará a posicionarte mejor. Estos consejos contribuirán a que le saques el máximo potencial a esta herramienta.

- Redes sociales   • Cultura digital   • Vídeo marketing

- Comunicación digital   • Social media

1. ¿Por qué crear tus vídeos en YouTube?

En primer lugar porque es una excelente forma de dar a conocer tu proyecto. El vídeo es el contenido más consumido en Internet y YouTube tiene más de 1.000 millones de usuarios al mes. Es sencillo y barato. Una webcam, un teléfono inteligente o una tableta son suficientes para crear contenido de calidad. Aquí lo importante es la historia que cuentes.

2. Crea tu identidad digital.

Da el primer paso: crea un usuario de YouTube lo antes posible para reservar tu nombre. Piensa que este es tu marca. Escoge un nombre consistente con tu identidad digital para apoyar tu posicionamiento en Internet; a ser posible, que el nombre sea igual que el de tu proyecto, la dirección de tu web, tu página de Facebook o tu usuario de Twitter, si ya estás en esos canales.

3. Personaliza tu canal.

Diferenciarte es imprescindible, así que empieza a crear un estilo propio y personaliza tu canal. Crea una imagen que represente tu proyecto, empresa o negocio. Escoge los colores de tu identidad corporativa y añade enlaces de la web de tu empresa para poder redirigir tráfico desde YouTube a tu propia página.

4. ¿Por dónde empiezo? Planifica.

Antes de lanzarte a grabar vídeos, planifícalo bien, diseña una hoja de ruta y piensa qué quieres transmitir, a quién, para qué, con qué objetivos y cómo lo vas a hacer. Plantéate qué quieres conseguir y qué contar: ¿vídeos sobre tu empresa? ¿Vídeos sobre lo que dominas? ¿Vídeos tutoriales para enseñar a la gente a hacer algo? ¿Vídeos para captar potenciales clientes? ¿Vídeos para crear impacto en los medios de comunicación?

5. ¿Qué cuento? Aporta contenido y crea valor.

Haz vídeos sobre la temática de tu proyecto, demuestra que sabes de lo que hablas y conviértete así en una referencia en tu sector. No digas

lo fantástica que es tu empresa. Muéstralo. Enseña el día a día de tus operaciones y cuenta
los detalles. Puedes hablar directamente a
cámara, entrevistar a algunos clientes, etc. Recuerda que a la gente le gustan la naturalidad
y la cercanía. Evita el autobombo o generarás
rechazo en tus seguidores.

6. Utiliza tu propio material.

Cuando vayas a grabar un vídeo, recuerda hacerlo siempre con tu propio material. No pon-
gas músicas comerciales ni utilices material de
terceros de los que no tengas los derechos.
Puedes sufrir penalizaciones por ello. Internet
ofrece cientos de materiales con licencia Crea-
tive Commons que sí te permiten su reutiliza-
ción, aprovéchalos.

7. Rotula los vídeos con tus datos.

Un vídeo de YouTube se puede insertar en un blog
o en cualquier otra web. Por eso, añade siempre
créditos con la información de tu empresa: el
logo con la marca, la dirección web, un teléfono,
un correo, etc., así te asegurarás de que siempre
te pueden localizar a través de los vídeos, aunque los vean fuera de tu canal en YouTube.

8. Publica vídeos dinámicos.

Debes captar la atención del espectador en los
primeros segundos para que quiera seguir viendo el vídeo. Produce vídeos cortos: piensa que
es mejor grabar dos vídeos de cinco minutos,
que uno de diez. Publica con frecuencia y mantén un ritmo. Por ejemplo, crea una serie del tipo
«Cómo hacer algo en 10 pasos» y cuéntalo en
diez vídeos cortos. Así tus seguidores esperarán
con ganas al siguiente capítulo.

9. Destaca tu contenido.

Escoge títulos atractivos que describan el contenido pero que, a la vez, llamen la atención. Crea
una rutina de programación. Conecta tus vídeos
a la actualidad siempre que sea posible. Fíjate
en fechas destacadas del tipo Día del Agua y
aprovecha su tirón. Organiza tus vídeos en listas
de reproducción por distintos temas y así ayu-
darás a tus suscriptores a escoger lo que más
les interese.

10. Ayuda a los buscadores a que te localicen.

Describe tu contenido documentando cada vídeo con toda la información que sea posible. Aprovecha al máximo todas las casillas del formulario de YouTube para enriquecer con datos tus vídeos, esto ayudará a que sea localizado con más facilidad y mejorará tu posicionamiento web. También puedes incluir llamadas a la acción específicas en el vídeo o a través de anotaciones.

11. Crea autoridad. Ofrece algo más que tus vídeos.

Visita los canales de otros usuarios y suscríbete a aquellos que tengan vídeos de temáticas relacionadas con las tuyas. Es una buena forma de darse a conocer y crear relaciones con un grupo de referencia. Además, no olvides marcar como favoritos los vídeos de otros canales que sean interesantes y que te apetezca recomendar. Así demostrarás que tienes criterio y aportarás más valor a tus seguidores.

12. Expande, difunde, conecta.

Ya tienes tus vídeos en el canal de YouTube. Es el momento de decirle al mundo que existes. Inserta tus vídeos en tu página web o blog. Difúndelos a través de las redes sociales. Responde a los comentarios de tus vídeos. Visita otros canales de YouTube de temáticas relacionadas y deja comentarios en sus propios vídeos.

13. Mide, mide y vuelve a medir. Controla sobre la marcha.

Las estadísticas de YouTube son tus aliadas. Te dan información al segundo sobre la interacción que están generando tus contenidos. Síguelas de manera constante, analiza los vídeos que tienen más impacto y aprovecha ese conocimiento para rediseñar tu estrategia. Si además lo conectas con el Google Analytics de tu web, el nivel de detalle te aportará muchos más datos de valor.

14. Emite en directo: una televisión en tus manos.

YouTube también te permite emitir en directo cualquier evento, conferencia o visita relevante que quieras compartir con tus seguidores. Puedes hacerlo de una forma más sofisticada con YouTube Live cuando alcances 100 suscriptores o, de una manera más sencilla, como una videoconferencia de Google Hangout.

15. Para estar al día.

Piensa en viral. Recuerda que los vídeos que más éxito tienen son los que son útiles porque enseñan a hacer cosas, son divertidos y entretienen o generan impacto porque tocan las emociones. Haz que a la gente le apetezca compartir tu contenido y habrás logrado que se conviertan en embajadores de tu marca. No dejes de visitar el blog oficial de YouTube en español http://youtube-espanol.blogspot.com.es para más información.

Vídeo de la experta.

María Millán

Es un referente para grandes anunciantes, pymes tecnológicas e instituciones financieras en la creación marcas líderes en entornos reales y digitales.

BRANDING 2.0: CONSIGUE UNA MARCA IRRESISTIBLE EN EL ENTORNO DIGITAL

En el entorno 2.0, contar con una imagen corporativa agradable no es suficiente. Para crear una marca fuerte hay que entender las reglas del éxito en el entorno virtual y jugarlas a tu favor.

Estas píldoras de branding recopilan consejos prácticos para que tu marca sea la de mayor reputación y ventas en tu mercado online,

- *Branding 2.0*   • *Marca líder*   • *Marca personal*

• *Comunicación digital*   • *Reputación*

1. Si quieres tener marca, deja huella.

Si una marca no te deja huella al contactar contigo, no es una buena marca. Aunque una empresa disponga de una imagen agradable y moderna, si es igual que todas las demás, no tiene marca. La diferenciación es fundamental. Así que, para crear una marca fuerte tenemos que perder el miedo a ser originales en nuestra manera de llegar al mercado. Piénsalo: ¿hay alguna marca que admires que no sea especial?

2. El respingo: la medida de una gran marca.

Hay mucha literatura sobre grandes marcas. En realidad, se recuerdan por dos cosas. La primera es que se reconoce con claridad total lo que hace y comunica esa marca frente a su competencia. Sin necesitar demasiadas explicaciones. La segunda, más importante, es que las grandes marcas te hacen sentir un respingo, un nudo en el estómago, una caricia en el corazón cuando te contactan. Algo instintivo y un poco mágico.

3. Conviértete en una marca 2.0.

Las marcas 2.0 están activas en Internet. Buscan la interacción y crean contenidos adaptados a cada persona de su mercado. Son marcas que hablan de ti y de lo que te interesa en vez de hablar de sí mismas. Te escuchan y te ayudan a encontrar lo que deseas. Esperan, de este modo, convertirse en la marca que tú eliges y recomiendas.

4. Comparte los valores de las marcas de éxito 2.0.

Las marcas 2.0 tienen claro que necesitan ser transparentes y auténticas porque, si intentan vender lo que no son, los internautas insatisfechos pueden contar la verdad en las redes sociales y minar tu negocio. Son marcas que trabajan para conectar con alguien, tiene que sentir que realmente te importa. En realidad, tus valores son los de todas las grandes marcas, los valores necesarios para ganar la confianza de cualquier persona, consumidor o cliente.

5. Reflexiona para comunicar sin saturar.

La atención de los clientes, sobre todo en Internet, está cada vez más dispersa. Por eso, las marcas necesitan dedicar cada vez más tiempo a reflexionar sobre qué van a comunicar. Y evitar saturar a sus clientes con mensajes inútiles. Las mejores marcas destacan porque aportan nuevas perspectivas sobre sus mercados y nos emocionan. Piénsalo: ¿de cuántos mensajes que has recibido hoy te acuerdas? ¿Y por qué los recuerdas?

6. Personaliza para conectar en el entorno 2.0.

Al navegar por Internet, quedan registrados nuestros datos personales. Datos sobre cómo usamos Internet, en qué páginas entramos o qué redes sociales usamos. Es lo que se llama Big Data. Las marcas 2.0 analizan estos datos para adaptar sus mensajes a nuestros intereses y buscan la interacción con nosotros. Esto es hacer marketing y crear marcas en la era 2.0.

7. Emociona para crear una marca global 2.0.

Las marcas 2.0 utilizan Internet para vender a clientes de todo el mundo. Sus mensajes hablan de lo que nos importa y nos emociona a todos los seres humanos: los afectos, las sensaciones, la naturaleza, la salud... Lo más complejo es conseguir que estos mensajes abiertos y emocionantes se asocien a tu marca. Esta es la función del experto en *branding*. Piénsalo: ¿qué temáticas tocan las marcas de alcance mundial que más te gustan?

8. Revoluciona, es lo más práctico.

Conseguir llamar la atención en el entorno 2.0 es cada vez más difícil. Cuando uno tiene claro lo que le diferencia en el mercado, lo mejor es contarlo de manera original. Incluso revolucionaria. Revolucionar por revolucionar puede ser peligroso. Pero, con un plan de marca y de comunicación claro detrás, crear una revolución puede ser lo más razonable.

9. No entres porque sí en todas las redes sociales. Sé selectivo.

Las redes sociales son fundamentales para las marcas 2.0 porque les permiten dialogar con sus potenciales clientes. Cada una sirve para objetivos diferentes. Y, por eso, no todas las marcas tienen que estar presentes en todas las redes. Lo importante es tener una estrategia para lograr lo que queremos en cada una de ellas y producir mensajes con excelente contenido de manera constante y sostenida.

10. Sin reputación no tienes nada que hacer en el mundo 2.0.

En todos los negocios, la mejor manera de vender es que te recomiende alguien. En Internet esto es aún más importante. Muchas redes sociales te piden tu opinión sobre sus contenidos y hacen públicos los testimoniales de otros usuarios. Contar con una reputación más fuerte que la competencia es necesario para poder vender bien *online*. Por eso, el primer objetivo de las marcas 2.0 es que a ti te merezca la pena hablar muy bien de ellas.

11. No confundas tener marca con tener algo que decir.

Tener estrategia de marca es definir qué ofreces tú que no tiene la competencia. Y detallar de manera clara la personalidad y los valores diferenciales de esa marca. La estrategia de comunicación resume lo que vas a contar para que tu mercado entienda los valores de marca. Las ideas y mensajes que se van a usar campaña a campaña, conversación a conversación y a través de qué medios. Ambas estrategias son necesarias para crear una marca fuerte.

12. Marca personal 2.0: sé auténtico.

Cuando uno va a crear su marca personal en Internet, puede estar tentado de venderse poniendo énfasis en aspectos que no le distinguen en el mundo real. Esto es un gran error. Y se acaba sabiendo en las redes sociales. Las marcas personales de más éxito son las que ensalzan lo que nos hace únicos y nos posiciona frente a otros profesionales. Todos tenemos un atractivo muy personal. Enmárcalo bien y triunfarás.

13. Marca personal 2.0: gestiona tu carisma.

El carisma no es sólo un don. Puede ser el resultado de un trabajo a fondo de tu marca personal. El carisma es un imán para nuestros clientes. Con carisma, uno pasa a ser objeto de deseo y a que quieran estar cerca de nosotros, que les hablemos, que les vendamos... No lo dudes, un buen profesional en marca personal puede ayudar a ser más carismático *on* y *offline*.

14. Conoce el valor financiero de tu marca 2.0.

El valor financiero de tu marca se basa en dos puntales: 1) El dinero y el tiempo que costaría volver a crear desde cero la marca que tienes hoy; 2) Cuántos clientes en tu mercado te conocen, te quieren, te recomiendan y están interesados en lo siguiente que les vas a vender. Lo que alguien pagaría por tu marca se basa en tus resultados concretos. En los resultados actuales y en los que es realista que consigas.

15. Marca 2.0: aprende de los mejores. La red está abierta.

El marketing efectivo es el que se ejerce con criterio, con un sistema de trabajo detrás. En Internet, podemos aprender de las grandes marcas, de cómo manejan su plan de productos, sus mensajes y sus redes sociales. Lo importante es no copiar por copiar, sino descifrar el sistema de trabajo de los mejores. Y aplicar estos aprendizajes a escala en tu empresa. Inventa tu propio sistema de trabajo.

Vídeo de la experta.

Rodrigo Miranda

*Director general de @iAcademi @ISDI_edu. Board @IMPACT_*
Acc. #MIBers. Somos lo que hacemos para cambiar lo que
somos. MBA IESE, teleco, trailrunner, ironman. Cuatro hijos.

CÓMO UTILIZAR EL PODER DE TWITTER PARA TU EMPRESA

Twitter es la red social de microblogging que reúne las ventajas de los blogs, las redes sociales y la mensajería instantánea. Esta nueva forma de comunicación permite a sus usuarios, perfiles personales y de empresas estar en contacto en tiempo real con otras personas de su interés a través de mensajes breves de texto a los que se denomina actualizaciones, updates o tuits.

Para sacar partido a tu cuenta de Twitter e impulsar tu empresa en las redes sociales, te proporcionamos una guía práctica y concisa con pequeñas claves de orientación que permitan iniciar o multiplicar tu presencia en esta red social como herramienta de desarrollo de la propia identidad digital. Hay que tener en cuenta que Twitter implica un acceso ordenado al contenido, relación con personas o influenciadores por áreas temáticas, desarrollo de presencia también temática dada por tus propios contenidos de publicación e interacción.

• Identidad digital   • Redes sociales   • Twitter

• Reputación   • Influencia   • Marca personal

1. Antes de hablar, escucha.

Pensamos que para estar en Twitter hay que publicar siempre cosas, pero sobre todo al inicio lo que es útil es hacer búsquedas de las palabras que nos interesan. Esto nos ayudará a descubrir qué se dice y quién lo hace sobre aquellos temas que queramos aprender y en los que queramos participar en un futuro.

2. Twitter dentro de tu identidad digital.

Esta red social es una herramienta más dentro del conjunto de canales sociales que definen la identidad digital de una persona. Esta identidad está compuesta por la imagen que tenemos de nosotros mismos en los buscadores, nuestra propia presencia en otros canales sociales y el contenido que se publique sobre nosotros. Es necesario tener esta visión global y una intención clara para ver qué papel juega Twitter dentro de esta identidad que trasladamos a la Red.

3. Definición de tu biografía.

Cómo me defino, quién soy. Es importante que esté completa, usa una descripción profesional pero con algún matiz personal que dotará de cercanía a tu perfil. Si trabajas en una compañía, deja claro que son tus opiniones personales. Puedes ampliar información sobre ti con un perfil en about.me para completarla.

4. Tú eres tu editor, elige tus temas de conversación.

Para definir tu identidad digital es importante plantearte de qué quieres hablar. Define tus temas de conversación, aquellos conceptos o ideas que quieras comentar y pondera su peso; esta dinámica, desarrollada de manera consistente en la publicación, te permitirá construir a medio plazo una identidad digital asociada a estos conceptos.

5. Piensa tres veces antes de responder o de publicar.

Por mucho que luego se puedan borrar, seguro que si has puesto un comentario inadecuado alguien saca un pantallazo. Si Twitter te permite escribir 140 caracteres, tomate 140 segundos para pensar de nuevo si quieres publicar lo que acabas de escribir... Te salvará de más de un apuro.

6. Elige tus influenciadores.

Una vez que hemos escuchado, que tenemos claro nuestro plan editorial para construir nuestra identidad digital, elige a quién quieres seguir *(follow)*. Mejor pocos e interesantes que muchos e insustanciales. Seguir a alguien no es un matrimonio, puedes desconectarte o hacer *un-follow* siempre que quieras (es una práctica muy saludable).

7. Una imagen vale más que mil palabras.

Twitter ya ha habilitado que las imágenes aparezcan de manera automática en su muro, sin necesidad de desplegarlas. Las imágenes son una herramienta comunicativa muy eficaz y muchas veces pueden ayudarte a explicar lo que no puedes contar en 140 caracteres.

8. 120 mejor que 140 caracteres.

Aunque el límite sea de 140 caracteres, utiliza mejor 120 para que tus seguidores puedan retuitear y comentar tus mensajes sin necesidad de limitar su contenido.

9. Integra contenido personal en Twitter.

Es una preocupación común en la definición de tu identidad personal. Está claro que Twitter te da una imagen pública, sobre todo profesional; pero a sus usuarios les gusta conocer un poco de las inquietudes de la persona que está detrás de esa cuenta. Compartir algunos temas personales es muy positivo.

10. Se habla... y se escucha.

Twitter ya no es usado solo por adultos que tienen cosas que comunicar; cada vez son más los jóvenes que usan esta red social para escuchar o leer el contenido de otros más que para producir el suyo propio. Si no sueles comunicar, puedes usar Twitter para escuchar.

11. Twitter es el nuevo RSS.

Hace unos años, los lectores de RSS usaban esta herramienta para seguir los temas que les interesaban en Internet. Ahora, casi todo fluye a través de Twitter; se ha convertido en el nuevo lector de RSS. No desaproveches los beneficios de este uso.

12. Listas públicas y privadas.

Las listas en Twitter no tienen por qué ser públicas. Si te interesa un tema en concreto, puedes crearte una lista privada para seguirlo. De este modo, podrás estar al corriente de este tipo de mensajes sin que los demás usuarios lo sepan.

13. Integración con otras herramientas.

Hay muchas herramientas que puedes de usar de manera simultánea a Twitter, pero no siempre estarán integradas. Si cuelgas una foto en Instagram, por ejemplo, aunque luego la publiques en Twitter, estarás obligando a tu lector a hacer un clic extra.

14. Publicidad.

Poco a poco, Twitter va abriendo su soporte publicitario. Puedes encontrarte tres tipos de publicidades: a través de *trending topics* (temas, palabras o frases más repetidas en un momento concreto), cuentas de usuario o tuits patrocinados. Que no te extrañe verlos en tu muro; cada vez serán más frecuentes.

15. El nombre de tu proyecto.

Es muy importante el uso de Twitter para difundir y comentar tu proyecto. Cuando estés pensando en el nombre, mira antes si está disponible en Twitter para no tener problemas. Y usa herramientas como NameChk para analizar si está disponible en otras redes sociales.

16. El uso de diferentes cuentas.

No sólo para las empresas grandes, también para las pequeñas, cada vez es más común la existencia de cuentas de Twitter diferentes por país y por intención o actividad: empresa_clientes, empresa_escucha, empresa_atiende, son buenos ejemplos.

17. Utiliza acortadores de URL.

El uso de estos acortadores es muy común ya que su uso permite compactar el mensaje y analizar también el impacto que ese recurso está teniendo dentro de tus mensajes.

18. Publica contenido original.

Además de interactuar y reenviar mensajes, publica con cierta frecuencia contenido propio basado en datos o reflexiones de tu actividad profesional sin comprometer su confidencialidad.

19. De buen nacido es ser agradecido.

Twitter es una red muy cortés, agradece las menciones, los retuits o favoritos cuando alguien te siga o interaccione contigo. Seguro que te devolverán tus buenas formas.

20. ¿Qué es un *hashtag*?

Piensa en un *hashtag* como en un sintonizador de una emisora de radio. #hashtag te permite seguir conversaciones alrededor de un tema concreto. Acostúmbrate a usarlos y no te inventes los tuyos propios, hay muchas conversaciones en Twitter unidas por etiquetas concretas en las cuales puedes participar.

21. RTuitea con precaución.

Las redes como Twitter funcionan como nodos de interés, es muy probable que los influenciadores que tú sigues también sean seguidos por gente de tu red. Por ello, si hay algo que te interesa, reenvíalo (RT-retuit) pero con precaución, uno o dos RT diarios son más que suficientes.

22. Manejo de listas.

Las listas en Twitter, ese gran desconocido. Puedes acceder a información temática que tú mismo te puedes crear a través de listas (son como los favoritos de las páginas web). Organiza a tus influenciadores en listas temáticas concretas sin necesidad de que les sigas y, cada vez que quieras leer sobre este tema, accedes a la lista, no a la línea de tiempos de las publicaciones que sigues.

23. Mejores horas de publicación.

Depende de tu colectivo de influencia; dejando de lado los tuit-adictos, tiene mucho que ver con los biorritmos de cada uno. Analiza durante unos días la actividad en diferentes franjas horarias y prueba el impacto de tus mensajes en diferentes momentos del día.

24. Optimiza tu tiempo: Hootsuite.

Existen varias herramientas que te permiten unificar la publicación de información en diferentes canales sociales (Twitter, Facebook, Google+ o LinkedIn) y, además, te dan la posibilidad de programar mensajes y gestionar tu actividad de forma muy eficiente; una de las más utilizadas por los usuarios y las empresas es Hootsuite.

25. Entiende tu presencia: SocialBRO.

Es importante aprender sobre tus seguidores, el impacto de tus publicaciones y la difusión de tus mensajes. Herramientas como SocialBRO te permiten analizar toda esta información, orientar mejor tus mensajes y elegir el mejor momento de publicación.

 Vídeo del experto.

Carolina Rojas

Emprendedora y empresaria de e-learning basado en juegos y simuladores. CEO de Aprendetec. Especialista en networking estratégico y en la red profesional LinkedIn como herramienta para generar más negocio.

FUNDAMENTOS DE LINKEDIN QUE TODO EMPRENDEDOR Y PROFESIONAL DEBE CONOCER

LinkedIn es la red social profesional por excelencia que conecta a expertos profesionales pertenecientes a 170 sectores de más de 200 países; ha alcanzado ya los 347 millones de usuarios en más de 200 países y territorios y, en concreto, en España más de 6 millones. Es un medio magnífico para gestionar los contactos profesionales, buscar empleo, conseguir recomendaciones, generar ventas, contratar personal para tu empresa, mantenerte actualizado de todas las novedades del sector y el entorno profesional o entablar contactos con otros profesionales del gremio.

Aunque para los emprendedores que están empezando o que están menos familiarizados con el uso de los medios sociales conseguir sacar el máximo partido de LinkedIn puede parecer abrumador, sin embargo, no tiene por qué ser así. Aquí enumero algunas pistas de probada efectividad para obtener los mejores resultados en el uso de esta red profesional.

• Red profesional   • Identidad profesional   • Networking

• Posicionamiento   • Visibilidad

1. Identidad profesional: marca.

El punto clave en LinkedIn es el perfil; un perfil sólido es la clave para tener éxito. LinkedIn combina la identidad personal y profesional en un solo sitio permitiendo a sus usuarios identificar nuevas oportunidades, explorar nuevas opciones y cultivar relaciones profesionales. Por ello, es importante que completes tu perfil al 100% ya que un perfil completo es 40 veces más eficaz que un perfil incompleto; es el sitio en el que se puede hablar de la experiencia profesional de forma completa y, a diferencia del clásico currículum, que es típicamente una lista de hechos y fechas, el perfil de LinkedIn te permite ampliar tu historial profesional y enfatizar tu experiencia y credibilidad profesional.

2. Lo que no puede faltar en un perfil sólido.

Mantén actualizado tu historial profesional y tus logros profesionales. Asegúrate de poner tu actividad o puesto actual. Añade tu formación académica y tu sector de actividad. Pon al menos tres habilidades o aptitudes que te diferencien de los demás.

3. Pon tu foto.

Está contrastado que un perfil con foto tiene 11 veces más probabilidades de ser visitado y las actualizaciones con foto consiguen cinco veces más posibilidades de ser compartidas. Una foto profesional ayuda a que los demás miembros de la red te recuerden con mayor facilidad y genera confianza.

4. Comunícate de manera informal.

Si utilizas un estilo de comunicación con los demás demasiado formal, puedes dar lugar a que piensen que estás tratando de venderles algo y ello incide de manera negativa en la reputación profesional. Con mensajes profesionales, pero más informales se genera más confianza en la audiencia a la que te dirijas.

5. Cómo dirigirte a tus contactos cuando tienes proyectado emprender un nuevo negocio.

Lo primero que se debe hacer es mandar un mensaje a la agenda de contactos especificando el tipo de empresa que se planea crear y pidiéndoles consejo (a la gente le gusta dar consejos).

6. Consigue visibilidad.

Crea tus propios grupos profesionales; lidera debates en tu sector mediante la creación de un grupo específico con temas de interés. Además, LinkedIn tiene el índice más alto de usuarios que lideran debates que ninguna otra red social; haz preguntas y responde a las preguntas de los demás. Otra forma rápida de destacar como experto es la de responder a las preguntas que hacen otros. También puedes hacer tú mismo preguntas y ver cómo responden otros. Es una gran forma de hacer encuestas antes de lanzar tu web, de validar el interés de un posible producto o impulsar tu imagen como profesional.

7. Da antes de pedir favores en LinkedIn.

Dar significa participar en grupos activos y de calidad, compartir los conocimientos y la experiencia profesional respondiendo preguntas, para difundir artículos de interés, trabajos o cualquier otro recurso que sea de utilidad a los demás. Ayuda de forma desinteresada a tus contactos siempre que te sea posible aunque creas que nunca necesitarás que te devuelvan el favor; tener una buena reputación siempre suma.

8. Publica entradas de forma coherente.

Tanto si pones noticias propias como si compartes noticias publicadas por otros, hazlo a menudo y de forma coherente. Ello ayuda a posicionar tu marca y tu web SEO. Además, haz que tus publicaciones marquen la diferencia generando contenido. Aporta valor en pocas palabras, publica en horario adecuado, prueba temáticas que capten la atención al público, utiliza imágenes y organiza el contenido para que sea más fácil de leer.

9. *Networking*, utiliza los grupos para conectarte con otros profesionales.

En un grupo de LinkedIn, se pueden leer y publicar noticias, lanzar un debate, publicar una oferta de trabajo, etc. Son entornos cerrados que gestionan miembros que pueden acceder al conjunto de contenidos. Conviene comenzar un nuevo grupo propio, ya que tiene la ventaja de contar con las direcciones de correo electrónico de los que se sumen y son actualizadas de forma permanente mientras crece. Cuando tus contactos se vayan sumando al grupo, estas novedades se harán visibles en sus perfiles. Existen numerosos grupos para emprendedores en LinkedIn que proporcionan una enorme base de contactos.

10. Desarrolla una red de contactos de emprendedores.

Contar con una buena red de contactos es de enorme utilidad para cualquier interesado en el emprendimiento o en una empresa ya creada. Sólo hay que pensar en lo interesante que le puede resultar a un emprendedor lograr conocer a un experto en su sector o a un inversionista, ya sea para montar o para hacer crecer la empresa.

11. Utiliza LinkedIn para el seguimiento de posibles clientes o empresas.

El éxito de LinkedIn radica en conectar con otros profesionales, por lo que es muy recomendable, después de asistir a cualquier evento profesional, buscar en dicha red a las personas a las que se ha conocido y tratar de conectar con ellas a través de un mensaje personalizado.

12. Apuesta por la calidad mejor que por la cantidad.

LinkedIn difiere de otras redes sociales como Facebook, cuyos miembros tratan de acumular el máximo de contactos posible. En LinkedIn sólo se trata de crear una red de contactos profesionales de confianza. Se recurre a estas relaciones para asegurarse de la buena reputación de aquellos con quienes se trata de hacer negocios.

13. Consolida tu marca; el poder de iniciar conversaciones.

El objetivo de compartir contenido en LinkedIn es iniciar conversaciones. Comparte blogs, comentarios, vídeos, presentaciones y otros contenidos que aporten valor a tu red de contactos.

14. Posiciónate como profesional experto.

LinkedIn es de gran utilidad para posicionarte como experto en tu sector y destacar en qué eres especialista. Es la mejor manera de generar interés en otros profesionales y oportunidades de negocio. Una forma de hacerlo es publicando artículos que hayas escrito sobre temas de interés de tu sector de actividad.

15. Consigue recomendaciones para atraer más clientes.

Si hay algo que diferencia a LinkedIn del resto de las redes sociales, son las recomendaciones. Se trata de algo realmente único. Trata de conseguir al menos diez recomendaciones para apoyar tu credibilidad *online*. Pide a las personas que han trabajado contigo que te escriban una reco-mendación siempre que haya ocasión; la mejor manera de generar confianza es poder leer las recomendaciones de terceros.

16. Sigue a empresas.

Para estar al tanto y ofrecerles tus productos, es buena idea seguir a empresas que estén en tu objetivo comercial.

Vídeo de la experta.

CRECIMIENTO E INTERNACIONA- LIZACIÓN

Santiago Barbadillo

Experto en el desarrollo y la expansión de franquicias. Director general de la consultora Barbadillo y Asociados.

ASPECTOS ESENCIALES DE LA FRANQUICIA

Una red de franquicia debe desarrollarse a partir de un negocio de éxito probado y en condiciones de ser replicado por terceros. Además, su éxito dependerá, en buena medida, de un buen diseño del proyecto, una adecuada base documental y un criterio selectivo en la expansión. Por su parte, aquellos emprendedores interesados en poner en marcha su negocio al amparo de una franquicia reducirán notablemente el riesgo de fracaso, pero deberán realizar un meticuloso proceso de selección basado en una amplia información.

Arrancar bajo una enseña ya creada puede dar la sensación de que el negocio se lanza con gran parte del camino ya recorrido, pero hay que ser muy cauteloso para no incurrir en errores habituales que puede cometer el nuevo franquiciado y aquí te damos las claves para que eso no ocurra.

- *Franquiciar*   • *Franquiciador*   • *Franquiciado*

- *Franquicia*   • *Emprendedor*

1. No todo es franquiciable.

Se debe comprobar siempre si un negocio es franquiciable puesto que no todos lo son. Debe ser un negocio de éxito, consolidado y probado en el tiempo, sencillo y duplicable. Además, es imprescindible que cuente con factores de fidelización, es decir, ventajas que el franquiciado obtiene por operar dentro de la cadena de la franquicia.

2. El proyecto de franquicia.

Debemos diseñar el proyecto de franquicia en función del sector, las circunstancias de partida y los objetivos, determinando las condiciones económicas, jurídicas, estratégicas, relacionales y estructurales que cimentarán el éxito de la red y donde el equilibrio entre las partes será un aspecto clave.

3. Una buena base documental.

Debe desarrollarse una buena base documental necesaria para poder franquiciar con éxito. Esta comprende el dosier comercial, el contrato de franquicia y los manuales operativos que describen las normas de procedimiento en el negocio franquiciado y de funcionamiento en la cadena.

4. Crecer con solidez.

Las fases de preparación y documentación previa culminan con el objetivo real del proyecto de franquicia: crecer con solidez. La búsqueda y selección de franquiciados debe ser exigente en base a su solvencia económica, su perfil personal y profesional y la ubicación propuesta.

5. Elegir una buena ubicación.

La decisión final de la ubicación de todos los establecimientos en una red de franquicia —aspecto clave para el éxito del negocio— le corresponde en exclusiva al franquiciador, por lo que la precaución antes de tomar una decisión definitiva será una necesidad esencial para evitar fracasos derivados de ubicaciones inadecuadas.

6. Solvencia económica. La determinación de la solvencia económica previa de los franquiciados debe ser el primer filtro que haya que ejercer en su proceso lógico de selección de franquiciados, antes que su perfil personal o técnico.

7. Inversión inicial. La cifra de inversión inicial de un negocio franquiciado que el franquiciador estipule debe incluir todas las partidas necesarias para dar inicio a la actividad, incluida una estimación de los importes referidos a la obra civil necesaria para acondicionar el local a la imagen y formato de la franquicia.

8. El proceso de selección de una franquicia por parte del franquiciado. Se debe realizar en tres etapas: autoanálisis, determinación del sector y elección de la franquicia más adecuada. Esta última fase incluye la entrevista personal con el franquiciador. El proceso concluye con las consultas a los franquiciados activos.

9. La franquicia como modelo de negocio. Montar una franquicia reduce el riesgo de fracaso de los franquiciados ya que son negocios previamente probados durante un tiempo suficiente a través de unidades piloto, las cuales deben ser propiedad del franquiciador y funcionarán, además, como centros de formación para los franquiciados.

10. La formación al franquiciado. La formación es clave si quieres que estos actúen de forma homogénea. La formación teórico-práctica, previa al inicio de la actividad, debe ser completada por un apoyo por parte de personal experto en la apertura del establecimiento y por períodos de formación adicionales.

11. Obligaciones del franquiciador. El franquiciador debe ejercer un control de la actividad de sus franquiciados a través de visitas de supervisión, del sistema informático de gestión y la opinión de los clientes, con el fin de que los franquiciados no deterioren el prestigio de la marca o su propia rentabilidad.

12. La mejora permanente del negocio y la inversión en I+D+i.

Es una obligación esencial del franquiciador en la que el franquiciado puede tener también un papel activo, aportando ideas o propuestas que impliquen mejoras en el negocio. Será el franquiciador quien decida cuáles se implantarán en la red.

13. La vinculación personal entre franquiciador y franquiciado.

Es una cuestión esencial en la relación de franquicia. El franquiciador deberá cuidarla y dedicar una parte de su estructura y herramientas activas para mantenerla y fomentarla, dando el soporte y apoyo continuos que el franquiciado requiere.

14. El nivel de éxito de una franquicia.

El éxito de una franquicia no se mide de forma exclusiva por el ritmo de expansión de la red, ni siquiera por su crecimiento neto, aspectos ambos que pueden resultar engañosos. Debe prestar atención sobre todo al grado de consolidación, es decir, cuántos franquiciados la han abandonado en el mismo período de tiempo.

Vídeo del experto.

José Antonio Calvo

*Redactor jefe de Territorio Pyme en Cinco Días. Periodista
especializado en el ámbito de la pequeña y mediana empresa.*

CÓMO Y DÓNDE EXPORTAR

*La crisis ha servido para que las empresas
españolas miren más allá de nuestras fronteras.
Lo que antes era una opción se ha convertido
ahora en una necesidad. ¿Por qué ceñirnos
únicamente al mercado nacional? ¿Por qué
desaprovechar la oportunidad de vender a
más clientes y generar más beneficios?*

*Por fin, las pequeñas y medianas empresas se
han atrevido a explorar otros mercados. Con
esta información buscamos facilitar el camino
para que las empresas puedan exportar e
internacionalizarse con garantías de éxito.*

• *Pymes*   • *Exportar*   • *Comercio*

• *Internacionalización*   • *Mercados*

1. El IAV en Europa.

Exportar ayuda a las pymes españolas a mejorar sus ventas, pero debes tener en cuenta algunos factores. En la Unión Europea necesitas el IAV, un documento válido para cualquier aduana y que sirve para identificar qué tipo de producto es el que exportas. Tiene una validez de seis años, aunque puede variar en función del artículo que se exporta. Hay más información en la web de la Comisión Europea: exporthelp. europa.eu.

2. ¿Es posible competir en China?

China cuenta con una enorme cantidad de consumidores, con lo que es posible que hayas pensado en ese destino para exportar. Tienen una mano de obra muy barata, por lo que te recomendamos competir en otro aspecto. No son innovadores, sino grandes imitadores y ahí podemos ganar la partida frente al precio. Además, el consumidor chino tiene en alta estima a las marcas occidentales. Este es el hueco que debemos ocupar al exportar a China.

3. Ventajas y desventajas de Estados Unidos.

Analizamos a continuación a Estados Unidos como país al que una pyme puede exportar. Como punto positivo, es el país más importador del mundo y cuenta con una población hispana que alcanza ya un 15%. Como punto negativo, hay que tener en cuenta que cada estado tiene leyes específicas, por lo que hay que informarse bien, en especial si tu producto no pertenece a sectores habituales de consumo.

4. Exportar en América Latina.

Cuando una pyme se plantea exportar, es probable que piense en América Latina como primera opción. El idioma facilitará las cosas, aunque es necesario escoger un socio local, puesto que las sociedades latinas suelen apostar por marcas que ya están ligadas a alguna corporación de la tierra. Pero, sin duda, el ascenso de la clase media y el creciente acceso a Internet le convierten en un destino idóneo si como pyme piensas llevar tus productos al exterior.

5. Exportar en la Unión Europea.

Si tu pyme piensa exportar en Europa, debes tener en cuenta dos premisas: el inglés y la libre circulación. Tienes que contar en tu equipo comercial con personal que domine el inglés a la perfección. Sin esta parte te será muy difícil conseguir resultados en un mercado que, como ventaja, ofrece la libre circulación de productos, lo que facilita la difícil tarea de iniciar la venta en un país exterior.

6. Dónde exportan actualmente las pymes.

España ha obtenido en 2014 su mejor cifra de exportaciones desde el año 1971. De ellas, casi la mitad han ido a parar a la Unión Europea: Países Bajos, Alemania y Portugal han sido los países que en 2014 más han adquirido nuestros productos, lo que da pistas de los lugares más favorables para iniciar un proceso de internacionalización, como fórmula para compensar el todavía bajo consumo del mercado español.

7. Sectores españoles que más exportan.

Te queremos dar pistas sobre qué pymes tienen mayor necesidad de internacionalizarse, en función de su ámbito de actuación. Si trabajas en la industria automovilística, la manufactura de consumo o la alimentación, debes exportar sí o sí, si no quieres quedarte atrás. El automóvil ocupa el 14,6% del total de exportaciones; la manufactura un 9,3%; mientras que la alimentación supone el 7,4% del total de exportaciones en España.

8. Unirse para exportar.

La agrupación de diferentes empresas o co-internacionalización es la nueva tendencia en exportación, para conseguir contratos y ventas en el exterior. No te cierres puertas y alíate con quien pueda mejorar tus carencias o compensar ciertos aspectos de un negocio. Hazlo, incluso, de la mano de otras empresas europeas. En el continente nos perciben como competitivos y no debemos desaprovechar ninguna oportunidad.

9. Exportar sin tener productos.

Si vendes soluciones o consultoría también puedes exportar. Ingenierías técnicas, despachos de innovación en TIC, empresas de comunicación y marketing, de aprovechamiento energético o de gestión informática son muy demandadas en el exterior. La clave del éxito en este tipo de internacionalización es entender bien al cliente en destino, para saber responder a sus preferencias. Probablemente sean distintas a las de los clientes españoles.

10. Exportar al país más lejano de España.

España y Australia están separados por 17.000 kilómetros. ¿Merece la pena exportar allí? Como mercado, sin duda. Es la 13ª economía del mundo y la OCDE prevé un crecimiento en próximos períodos de un 3%. Los sectores agroalimentario, de consumo e industrial son los que más posibilidades de éxito tienen. Por ejemplo, los productos de alimentación gourmet son una excelente oportunidad de negocio en Australia.

11. Exportar: el centro de todo.

Las exportaciones continúan batiendo récords en prácticamente todos los sectores económicos. Esto certifica un cambio de mentalidad en la pyme española. Exportar era contracíclico, en comparación con la demanda interna. Pero esto ha cambiado: si vas a crear una empresa o nueva línea de negocio debes, desde el principio, plantearte si tu producto tendrá éxito en otros mercados. España debe ser únicamente una parte del pastel.

 Vídeo del experto.

Mar Castro de la Montaña

Subdirectora de Nuevos Proyectos en ICEX y responsable del Spain Tech Center de San Francisco.

INSTRUMENTOS DE AYUDA A LA INTER-NACIONALIZACIÓN DE EMPRESAS

El ICEX desarrolla programas de ayuda que pretenden ajustarse a las verdaderas necesidades que tienen hoy en día las empresas. El denominador común de esos programas es llevar de la mano en sus primeros pasos al exterior a estas empresas, evitando que cometan los errores más comunes y abriendo camino hacia los mercados que mejor se adapten al producto o servicio de cada una de ellas. El ICEX intenta adaptarse a las necesidades particulares de cada empresario, le escucha y analiza en qué área puede servir de más ayuda.

- *Internacionalización*   · *Emprendedores globales*

· *Plataformas en el exterior*   · *Exportación*   · *Comunicación eficaz*

1. Ventajas de la internacionalización.

Las empresas internacionalizadas aumentan su facturación exterior, diversifican su riesgo empresarial y, además, mejoran su competitividad global. Las empresas deben hacer una reflexión sobre sus posibilidades de éxito en el exterior y buscar el asesoramiento y conocimiento necesario para ello. El ICEX es en España la institución pública de referencia para el apoyo a las pymes españolas en su salida al exterior. Cuenta con el apoyo de una red de 100 oficinas comerciales en el exterior.

2. El reto de internacionalizar la empresa.

La decisión de internacionalizar productos o servicios supone para las empresas un esfuerzo importante de reflexión. Deben dar respuesta a multitud de preguntas sobre su necesidad de salir al exterior, cuáles son los primeros pasos que deben dar, a qué mercados dirigirse, qué dificultades pueden encontrarse, etc. Eliminar las dudas y obtener la información y el asesoramiento adecuado es fundamental para que la empresa afronte el reto con la decisión y el convencimiento adecuado.

3. Asesoramiento experto: ICEX Next.

¿Por dónde empezar una vez tomada la decisión de internacionalizar nuestra empresa? El ICEX cuenta con un programa especialmente diseñado para aquellas empresas que quieren comenzar su andadura exterior: el ICEX Next. Las empresas que entran en este programa reciben asesoramiento personalizado y experto para diseñar y ejecutar un plan de negocio internacional, minimizando el riesgo de las inversiones en el exterior. También reciben apoyo económico para impulsar la promoción exterior de la empresa y facilitar su presencia en los mercados seleccionados. El programa cuenta con consultores en destino —en determinados mercados— para diseñar la estrategia de acceso al país y ayudar a la empresa ICEX Next en su implementación.

4. Red de oficinas económicas y comerciales en el exterior.

Una de las grandes dificultades a la hora de iniciar la internacionalización de la empresa es decidir el lugar de destino, es decir, a qué mercados dirigirse. Las 100 oficinas comerciales en el exterior son un apoyo relevante, con presencia en todo el mundo, y que ofrecen apoyo a las empresas españolas cualquiera que sea su estadio en ese mercado, ya sea en sus primeros pasos, afianzando la presencia de sus productos o servicios, o implantándose en el mercado comercial o productivamente.

5. Servicios personalizados en el exterior.

Para tomar la decisión sobre por cuál mercado apostar, pueden ser de gran utilidad los servicios personalizados que se solicitan a través del ICEX y que prestan las oficinas económicas y comerciales españolas en todo el mundo. Los servicios personalizados son «trajes a medida» para la empresas y consisten en asesoría personalizada para concertar entrevistas con posibles socios, analizar su competencia, acceder a informes comerciales de empresas extranjeras, comparar precios en puntos de venta, gestionar licitaciones y concursos, etc.

6. Actividades del ICEX en el exterior.

Cuando la empresa ya ha tomado una decisión de apostar por uno o varios mercados o quiere explorar sus posibilidades reales en un mercado determinado, surge la necesidad de entablar contacto con potenciales clientes y proveedores en el destino, de viajar al país. Para ello, el ICEX organiza la participación de empresas españolas en más de 400 ferias al año de los diferentes sectores y en multitud de países, más de 200 misiones, jornadas técnicas, foros de inversiones y cooperación empresarial, encuentros empresariales, etc.

7. Spain Tech Center.

Es una plataforma que facilita el acceso y la implantación comercial de las empresas de base tecnológica en uno de los ecosistemas más competitivos a nivel mundial, Silicon Valley. El Spain Tech Center lo forman tres socios –ICEX, Red.es y Santander– y lo que dan a las empresas es todo su apoyo, no sólo un espacio físico de trabajo

175

en un prestigioso centro de *coworking,* sino también contacto con profesionales nativos que van a ayudarlas en todas las facetas que necesiten para desarrollar su proyecto en Estados Unidos.

8. Spain Tech Center Immersion Program.

El Spain Tech Center Immersion Program es un programa de dos semanas de inmersión en Silicon Valley y está organizado por el Spain Tech Center de San Francisco. Se dirige fundamentalmente a empresas españolas de base tecnológica que quieren abrirse al mercado norteamericano e implantarse en él. El programa, que tiene el formato de aceleradora, permite a la empresa no sólo contrastar su modelo de negocio sino también comenzar a establecer su propia red de *networking,* participar en eventos tecnológicos únicos y conocer la cultura de negocios de Silicon Valley.

9. Spain Tech Week.

La Spain Tech Week es una semana completa de actividades relacionadas con el ámbito digital en una de las zonas más competitivas a nivel mundial —Silicon Valley, Seattle o Austin—. El objetivo es dar a los participantes la oportunidad de conocer empresas líderes mundiales, participar en eventos de *networking* y recibir formación que les facilite su internacionalización. Está especialmente dirigida a empresas de base tecnológica y a inversores especializados en estas empresas.

10. Becas ICEX.

El programa de becas ofrece a las empresas jóvenes profesionales, formados y especializados para acompañarlas en su proceso de internacionalización. Cada año alrededor de 235 becarios concluyen con éxito un intensivo proceso de formación teórico-práctica, que consiste en un Máster de Internacionalización de Empresas y un año de prácticas en la red de oficinas comerciales en el exterior, y se ofrecen a empresas para completar su preparación en ellas durante un año adicional, ya sea en España o en el exterior.

Vídeo de la experta.

Nilo García

Global CEO de Reticare que trabaja para hacer más saludable el uso de la tecnología y proteger nuestra vista y la de nuestros hijos.

CLAVES PARA LOGRAR UNA INTER- NACIONALIZACIÓN EXITOSA

En la situación actual, la internacionalización es uno de los elementos clave para el desarrollo de una empresa y sus perspectivas de futuro y responde al deseo de crecer. A pesar del esfuerzo en inversión y recursos que supone, la internacionalización reporta a las empresas beneficios en términos de nuevas oportunidades de expansión, crecimiento e ingresos. En este sentido, el tamaño de la empresa no tiene que ser un impedimento para su expansión más allá del territorio nacional. Las razones que explican que las empresas se lancen al mercado internacional pueden ser muy diversas: aumentar la independencia de los ciclos económicos del mercado local, acceder a un mercado más amplio, obtener mayor rentabilidad, aumentar la capacidad productiva, etc.

A través de estas claves pretendo, desde la relación entre competitividad e internacionalización en la perspectiva de la empresa, ofrecer ciertas orientaciones sobre las que apoyar la estrategia de gestión y apuesta internacional de cara a la consecución de una internacionalización exitosa.

177

- Internacionalización • Optimización de recursos

- Adaptación cultural • Planificación logística • Adaptación de productos

1. Elección de la base de operaciones.

Resulta fundamental analizar la optimización del tiempo y las comunicaciones con la sede; el desfase horario es un elemento clave para una organización fluida. Para ello, hay que analizar cuántas horas tienen en común la sede y la empresa hermana, una coincidencia inferior a tres horas resulta perjudicial en el flujo de trabajo.

2. Diseño de envases o productos.

Es muy común que los productos precisen de adaptaciones mayores que la simple traducción del envase ya que los públicos están acostumbrados a diversos estándares en función del lugar o la sociedad en la que vivan. Tener en cuenta colores, número y disposiciones de los productos de acuerdo con la lengua y las características peculiares del mercado puede ser un gran avance.

3. Adaptar las acciones de marketing.

Resulta necesario el uso de las adecuadas herramientas de marketing que varían de manera importante entre los diferentes países. Es común que las compañías que pretenden vender en un mercado quieran repetir los nombres o las marcas que les llevaron al éxito en otro sin percatarse de que pueden tener un significado completamente distinto. Las campañas deben tener en cuenta las peculiaridades sociales, culturales, religiosas o políticas de esa sociedad. Un error en este sentido puede salir muy caro y dar la impresión de poca profesionalidad aunque el producto sea magnífico.

4. Comunicación fluida y flexible.

La internacionalización precisa de unas comunicaciones fluidas y flexibles. En ocasiones es preciso adaptar los horarios de la sede a las necesidades de la compañía hermana. Será importante medir el tiempo de respuesta a las peticiones de las compañías para comprobar el grado de eficiencia.

5. Logística y aranceles. Una de las claves de la internacionalización consiste en plantear una adecuada logística en costes tanto económicos como temporales. Para ello, es conveniente planificar de forma apropiada los medios más adecuados para el producto que comercializamos tanto de logística al cliente como logística inversa. Los aranceles precisan de una gestión real y adecuada, en ocasiones estos son más decisivos de lo que pudiera parecer.

6. Cultura empresarial e internacionalización. Mantener los rasgos culturales de la empresa puede resultar difícil tanto en la propia sede como en las compañías hermanas. El intercambio de equipos entre las diferentes zonas de la compañía puede ayudar a crear una cultura más abierta y que, sin embargo, mantenga los valores y principios de la misma, para ello, es importante que estén claros y que hayan sido fijados por escrito con el fin de poder transmitirlos de manera adecuada.

7. Creación de compañías en el exterior. Hay que saber cuándo es el momento adecuado para crear una empresa en un mercado y, en concreto, qué lugar, tanto del país como de la región, se adaptará mejor a nuestros intereses. Esta será una decisión muy importante para el futuro a medio plazo de la estrategia de internacionalización.

8. Elección de distribuidor o *partner*. La elección del modelo de distribución es esencial para el desarrollo exitoso de la internacionalización. El trabajo de investigación sobre las cadenas de suministro en cada país es importante para elegir el socio adecuado; no siempre el más grande y famoso es el apropiado, deberemos entender quién puede ofrecer más valor a nuestro proyecto.

9. Ritmo de internacionalización. La estrategia de internacionalización puede ser más que una suma de oportunidades dispersas; es deseable marcarse de antemano cuáles son los mercados objetivos y dónde queremos empezar y desarrollar nuestra implantación de la manera más proactiva.

179

10. Monedas y tipo de cambio.

Es deseable mantener una estrategia de bajo riesgo en la gestión de ingresos y gastos y su correspondencia con los tipos de cambio. En ocasiones, este tipo de cambio puede ser neutro ya que tenemos ingresos y gastos en la misma divisa y pueden compensar cambios bruscos e inesperados de la moneda.

11. Servicios jurídicos.

Elegir un buen servicio jurídico puede ser crucial en el desarrollo de la internacionalización. Como recomendación, es fundamental entender la estructura de los documentos que acompañan a nuestra actividad en el país y conocer al menos de forma generalizada cuáles son los rasgos que nos afectan en nuestro negocio. Un buen abogado puede ahorrarnos muchos costes y dolores de cabeza en el proceso.

12. Inversores.

En ocasiones puede ser adecuado incluir inversores locales en nuestro proyecto. Es bueno definir con claridad cuál es el tipo de inversor con el propósito de no improvisar la estrategia de adopción de inversores. Lo recomendable es tener siempre dos escenarios: uno sin ayuda de inversores y otro con su aportación. También es muy importante el asesoramiento profesional en estos procesos.

Vídeo del experto.

EMOCIONES Y
COACHING

Víctor Molero

Profesor de la Universidad Complutense de Madrid y asesor académico del Instituto Superior para el Desarrollo de Internet (ISDI).

DEL DICHO AL HECHO... HAY UN EMPRENDEDOR

El emprendimiento está de moda. Nunca la sociedad entera había recibido tantos mensajes de estímulo a favor de emprender: los medios de comunicación, los poderes públicos, los entornos educativos, los líderes de opinión y todo tipo de fuentes contribuyen a un clima en donde la creación de empresas es vista como la mejor (si no la única) reacción posible ante las dificultades de empleo que vienen caracterizando los años de crisis.

Estas píldoras para emprender han sido creadas con la idea de iluminar el lado humano del emprendimiento, para desvelar que, quien se aventura en un camino tan proceloso, inicia un recorrido donde hay más componentes puramente vitales que económicamente técnicos. La premisa de partida es sencilla: emprender tiene que valer la pena, con independencia del éxito o fracaso al que conduzca la aventura. Y ha de ser así, porque se emprende junto a otras personas, porque antes o después se establecerán vínculos afectivos, porque se requerirá mucho tiempo que sólo podrá salir del de la familia y los amigos, porque se puede fracasar y volver a intentarlo gracias a las posibilidades de Internet... y porque la vida es lo que es y se reduce a cuanto sucede en ella.

- *Emprender*   - *Talento*   - *Felicidad*

- *Éxito*   - *Esfuerzo*

1. Aportar valor es emprender con sentido.

La idea de negocio debe permitir al emprendedor aportar sentido a su vida, disfrutar trabajando y emplear sus capacidades profesionales. En esta ecuación no sólo juega la capacidad creativa –que es importante– sino también el sentido de utilidad de lo que se hace, y el sentido lúdico. Y es que no hay mayor fortuna que la del que crea algo de valor para la gente y, además, se divierte haciéndolo.

2. La idea de negocio debe surgir de una idea de vida.

Quienes tienen espíritu emprendedor con frecuencia empiezan por buscar una buena idea de negocio. Pero, en realidad, las *startup* geniales nacen de una buena idea de vida. Tengo la impresión de que hay más posibilidades de éxito en quienes quieren mejorar el mundo que en quienes aspiran sólo a mejorar su cuenta corriente. Como dice el genial Guy Kawasaki, «si creas sentido, creas riqueza; si sólo creas riqueza, no crearás sentido» y las cosas sin sentido no le interesan a nadie.

3. Todo emprendimiento se hace en mares de incertidumbre.

En una ocasión le oí decir a mi amigo y emprendedor Rodrigo Miranda: «me gusta sentirme inseguro». Al emprender, como en cualquier otra aventura, uno debe estar preparado para la incertidumbre, para la duda, para probar alternativas sin saber el resultado. Algunas personas tienen la mente tan estrecha que no les cabe ni la menor duda. Esas, mejor que no emprendan.

4. El gran reto del emprendimiento es la convivencia.

Conocí a un emprendedor que me decía que para elegir a un buen socio es preferible irse con él a un viaje de supervivencia, mejor que a cenar. Lo decía porque en la adversidad se conoce a la gente mucho mejor que en la bonanza. Y emprender es un largo camino de dificultad en el que las mieles suelen llegar después de mucho esfuerzo. Es verdad que quien viaja solo va rápido, pero quien lo hace acompañado llega más lejos. La clave está en haber elegido bien a los compañeros de viaje porque, por extraño que parezca, lo más difícil que se hace en cualquier *startup* —y, en general, en cualquier empresa— es convivir.

5. Busca la felicidad, no el éxito.

Muchos emprendedores están más focalizados en el éxito económico que en el logro de la felicidad. Esto es normal en una sociedad bajo la hegemonía de lo económico, pero emprender es más una aventura de introspección y de aprendizaje que de lucro. Todo el que emprende termina enriquecido, aunque no siempre sea con dinero. Por eso es tan rico hablar con emprendedores: no hay uno solo del que no haya mucho que aprender.

6. Emprender para aprender.

Los éxitos nos hacen divinos, pero los fracasos nos hacen humanos. Y es que se aprende más fracasando que triunfando, aunque haya más dinero en el triunfo. No conozco a ningún emprendedor que no haya deseado haber emprendido algo antes. En otras palabras: para el cerebro humano, el fracaso no existe. Sólo existe el aprendizaje.

7. Todo emprendimiento conlleva adversidad.

Como ya apuntamos antes, hay un proverbio africano que dice que si viajas solo, irás más rápido, pero que, si lo haces acompañado, llegarás más lejos. Sin embargo, dedicamos más tiempo a un noviazgo que a buscar socios o colaboradores, cuando en realidad una *startup* no deja de ser una forma de matrimonio. Y, en ambos casos, la clave está, más allá del talento, la capacidad de trabajo, las dotes de gestión y demás cualidades deseables, en la disposición para convivir en un entorno tan teñido por la ilusión como por la adversidad.

8. Sólo los optimistas pueden emprender.

Cuando se habla de qué cualidades debe tener un emprendedor, siempre se mencionan cosas como ser organizado, tener constancia, resistencia a la adversidad, visión, habilidades sociales, etc. Pero se olvida la que quizá sea la cualidad fundamental: el optimismo. A lo largo de la historia, nunca nadie ha inventado, descubierto, innovado o mejorado nada siendo pesimista. La creatividad es hermana del optimismo y no hay emprendimiento sin creatividad.

9. El emprendimiento es una experiencia social.

Nadie emprende a solas. Es frecuente que el emprendedor se sienta solo, porque hay muchas decisiones que tomar en las que nadie puede ayudar y, además, cada *startup* es distinta. Pero eso no significa que se esté a solas. Solo, sí; a solas, no. La clave está en saber elegir a los compañeros de viaje y en esto cuentan las capacidades, pero también lo bien o mal que uno se sienta a su lado. Emprender supone convivir mucho con ellos. Si no nos gustan, prepárense para el calvario.

10. La alegría debe estar en la fórmula del emprendimiento.

Henry Ford tenía prohibido reírse en el trabajo porque decía que su compañía era un sitio serio. Hoy sabemos que, cuanto más divertido sea el lugar de trabajo, más rendimiento dan los profesionales. Por eso es bueno divertirse en el trabajo y compartir cosas con los compañeros; con ellos pasamos mucho más tiempo que con los amigos o la propia familia. La felicidad reside en los afectos cotidianos.

11. Elige bien a los socios si no quieres perder a los amigos.

Existe dos focos fundamentales para el que emprende: el proyecto y el equipo. Pero debe evitarse el error de asociarse con gente «porque son amigos». En el equipo deben estar los mejores y, aunque el factor confianza es muy importante, hay otros. Emprender con amigos simplemente por ese motivo es un mal pie para lanzarse al emprendimiento y un buen paso para perderlos.

12. No hay emprendimiento posible que ignore el fenómeno digital.

Para quienes emprenden, entender la nueva realidad digital está siendo un mérito. Ahora es un requisito indispensable. Da igual a qué se vaya a dedicar la empresa, da igual el tipo de actividad o el perfil de sus clientes, la ola digital lo impregna absolutamente todo y exige de quienes emprenden comprender sus mecanismos.

13. El santo grial del emprendimiento no existe.

Haber creado una empresa y haber tenido éxito pone la mente del emprendedor en un estado de seguridad para empezar otra aventura. Pero no existen reglas que al aplicarlas den un resultado seguro. Por eso hay tantos fracasos en emprendedores que antes habían triunfado: tienden a repetir las mismas cosas, pero en momentos y escenarios quizá muy diferentes.

14. Sé honrado o no emprendas.

Si el proyecto emprendedor va bien, muchos empiezan con prácticas de responsabilidad social corporativa; pero no hay responsabilidad social corporativa si no hay responsabilidad social personal. El compromiso ético, comunitario y social de cualquier proyecto debería estar en su mismo origen.

15. Pequeñas grandes ideas dan grandes pequeños negocios.

La grandeza de las cosas no está en su tamaño. Así lo parecía cuando las grandes compañías tenían tamaños formidables, pero la era digital ha hecho posible iniciativas de enorme grandeza que, sin embargo, son llevadas a cabo por compañías pequeñas, con poco personal, pero muy comprometido y que procuran servicios extraordinarios a millones de personas de todo el mundo.

16. La palabra es un contrato.

Una compañía que nace tiene que ser escrupulosa a la hora de cumplir la promesa de servicio que ofrece. Eso sólo ocurrirá si el emprendedor es capaz de crear y mantener una cultura en torno al valor de la palabra dada. Y es que la credibilidad de una *startup* es el resultado de la credibilidad de quienes la impulsan.

17. El valor del destino también está en la calidad del recorrido.

Es muy frecuente asociar emprender con sufrir. Es evidente que el que algo quiere, algo le cuesta; pero, si la vida del emprendedor se limita a una sucesión de sacrificios en aras de ese futuro soñado, quizá el recorrido deje de valer la pena. Se trata de llegar a destino, pero sin olvidar divertirse en cada momento del camino.

Vídeo del experto.

Marta Romo

Pedagoga especializada en neurociencia aplicada al aprendizaje. Escritora. Socia de Be-Up y fundadora de Neuroclick, centro de entrenamiento cerebral.

NEUROCIENCIA PARA EMPRENDEDORES: ENTRENA TU CEREBRO, DESARROLLA TU POTENCIAL

El emprendedor hace camino al andar. No nace con la lección aprendida. Sólo podemos transformar aquello que conocemos y la neurociencia ofrece claves para comprender nuestra mente. Estas píldoras te ayudarán a entender por qué repetimos determinados comportamientos, a conseguir que los emprendedores se centren en los aspectos más importantes de su negocio y que sean capaces de organizar bien sus equipos para conseguir una empresa ganadora. Una equivocada gestión emocional puede llevar a los emprendedores al bloqueo, la pérdida de foco, tener pocas ideas y al estrés. Conseguir que los pensamientos y las emociones se conviertan en nuestros aliados es posible. Veamos cómo hacerlo.

• Neurociencia   • Gestión emocional   • Autocontrol

• Atención   • Decisiones proyectivas

1. En busca de los momentos ¡ajá!

Es difícil controlar cuándo tenemos una idea, pero sí podemos generar las condiciones para que surja. Cuando buscamos una respuesta o una idea, nos presionamos y tensamos nuestro cerebro. Y aquí está el problema, porque las mejores ideas surgen cuando no hay presión. Aquello que buscas aparece cuando te vas a dormir, en la ducha, conduciendo, corriendo... Así que, para resolver un problema, es mejor dejar de tratar de resolverlo.

2. Autocontrol: los seis segundos.

¿Qué sucede cuando perdemos el control? La sangre se concentra en una parte del cerebro, la amígdala, y la emoción se apodera de nosotros. ¿Cómo podemos liberarnos de ese secuestro? Haciendo que la sangre fluya. Así que, por ejemplo, mover tu cuerpo, o hablar sobre lo que te sucede, hará que la sangre se mueva hacia otras zonas. Verás como así te sientes mucho mejor y más libre.

3. Entrena tu atención.

La ley de la atención funciona, consiste en pensar con frecuencia en aquello que quieres, necesitas o estás buscando. Aquello en lo que fijamos nuestra atención es lo que vemos. Como cuando te compras un coche determinado y ves muchos iguales, es por la atención, que es selectiva. Así que puedes entrenarte centrándote en lo que sí quieres y verás cómo descubres un mundo de posibilidades.

4. La química del estrés.

Imagínate esta situación: un arquero y una persona con una manzana en la cabeza como diana. ¿Cómo se sienten? El arquero con cierta presión y el hombre diana está realmente estresado. La diferencia entre ambos es la sensación de control. Uno lo tiene y el otro no. Ese es el límite del estrés, así que cuando aparezca esa sensación, ¡haz algo!

5. Indefensión aprendida.

«Tengo un sueño, pero... no merece la pena intentarlo». Esta frase define lo que es la indefensión aprendida; nos inyectamos a diario negatividad, con las malas noticias que alimentan nuestro morbo pero destruyen nuestras defensas. Así nos acostumbramos a sentirnos indefensos y a no ser dueños de nuestro destino. Rodéate de optimistas, nútrete de buenas noticias y verás como sientes que sí puedes.

6. Decisiones proyectivas.

Podemos tomar decisiones de futuro, decisiones proyectivas, sin tener todas las certezas. Es lo que hacen los futbolistas, lanzan el pase sin saber lo que va a suceder. Y lo hacen aparentemente sin pensar. Focalizando en lo que depende de ellos, como cuando tiran un gol: no miran a la portería sino a su pie en contacto con el balón. Así que, para acertar, la clave es centrarse en lo que depende de nosotros.

7. Huir del pensamiento rumiante.

El pensamiento rumiante boicotea, paraliza y te entretiene. Son mensajes repetitivos, a los que no prestamos atención directa, pero que van haciendo mella en nosotros. Nos llevan a pensar más en los problemas, lo conocido, que en las posibilidades de lo que está por conocer. A corto plazo es agradable; a medio, desastroso para el ánimo. Combátelos repitiéndote frases positivas, que te animen a la acción.

8. Procrastinación: diferir, aplazar.

Deja de preocuparte y ocúpate. Es increíble el tiempo que perdemos quejándonos y pensando en lo que tenemos que hacer. Huye de la adicción a procrastinar, es mejor que te lo quites de encima cuanto antes. Nuestro cerebro necesita cerrar temas y, si inicias algo y lo dejas incompleto, tu cabeza sigue con ello a pesar de que estés con otra cosa. ¡Y esto es agotador! Si tienes que hacer algo, hazlo ya.

9. Visualiza y recréate con ello.

Todo comienza con un sueño. Un plan aburrido no ilusiona a nadie. Ha de ser apetecible, sexy... Pongámoselo fácil a nuestro cerebro: cuanto más atractivo, más ganas de ir a por ello. Trabajar con la visión, sitúa al cerebro en simulación experimental. Como no distinguimos entre realidad o ficción, lo que hemos visto en nuestra mente nos prepara para lo real, es como si ya lo hubiéramos vivido.

10. Desaprender.

¿Qué puedes desaprender hoy para aprender algo nuevo? Anótalo y pregúntate por qué te estorba para seguir creciendo. Está claro que no vas a olvidarlo, pero sí puedes dejar de esforzarte por ello, ¡porque ya te lo sabes! Ahora, identifica lo que te encantaría aprender y piensa en los beneficios. ¿Qué ganas a cambio de perder algo que ya sabes?

11. Hacer nada, desarrolla tu cerebro.

Cierto nivel de estrés es saludable y necesario para tener «vidilla» en el día a día. Pero también necesitamos descanso mental. Estar sin ver la tele, sin leer o sin consultar el móvil. Tiempo de no hacer literalmente nada, relajarse y permitir al cerebro ser libre, dar vueltas sin objetivo, soñar despierto... Así, activamos la introspección y la escucha interna, potentes herramientas para mantenernos en equilibrio.

12. ¿Tienes SFA?

El síndrome de la felicidad aplazada (SFA) consiste en posponer lo que nos gusta, dejar para el fin de semana, o las vacaciones, las cosas que nos nutren y proporcionan endorfinas. Necesitamos endorfinas cada día pues son un gran antídoto contra el estrés. Así que, si te gusta algo en particular o tienes alguna afición, inclúyela en tu rutina diaria y no esperes al mejor momento para hacerlo.

13. Cuidado con la multitarea.

La multitarea aumenta el rendimiento en los ordenadores pero no en los humanos. No podemos abarcar más de cuatro conceptos a la vez cuando uno es nuevo. Con las tareas, funcionamos sólo con dos al mismo tiempo, cuando entra una tercera ya no hay espacio atencional, por eso nos equivocamos y nos estresamos. Nuestra densidad atencional es limitada, así que elige lo importante y huye de lo superfluo.

14. El poder de las expectativas.

Dime qué esperas y te diré qué vas a conseguir. Las expectativas tienen un enorme poder sobre nuestros resultados, condicionan la percepción, la actitud y el comportamiento. Pueden ser amigas o enemigas. Por eso, hay que conocerlas y mantenerlas bajo control. Ante lo nuevo, pregúntate: ¿qué espero de esto? Y pregunta también a los demás por sus expectativas, te ahorrará muchos malos entendidos.

15. Hacia la productividad personal.

Estar todo el día haciendo mil cosas es un síntoma de vagancia porque nos dedicamos a acciones indiscriminadas —normalmente de poco impacto— y no hacemos lo que de verdad importa. Buscar la productividad personal tiene que ver con dedicar menos recursos para conseguir nuestros objetivos y eso pasa necesariamente por la planificación y la reducción de tareas. En la gestión de tu tiempo, menos es más.

16. Evita el síndrome del sacrificio.

El síndrome del liderazgo bloqueado —o del sacrificio— sucede en personas con mucha responsabilidad y preocupaciones, cuando ya no pueden dar más de sí. El cerebro literalmente se sobrecarga y no puede pensar. Las personas se vuelven irritables y les cuesta dormir. La neurociencia demuestra que, para superarlo, necesitamos tres variables: sueño de calidad, estrés moderado y emociones positivas (sobre todo afecto).

17. Higiene mental.

Todos tenemos problemas y no por darles más vueltas se van a solucionar antes. Es fundamental realizar pequeñas pausas para despejar la mente y descansar a lo largo del día, pues la energía es cíclica. Así, puedes cargar tus pilas con una pequeña siesta, un paseo o, simplemente, tomándote un respiro al cambiar de actividad. Es mucho más efectivo afrontar los problemas con la mente descansada.

Vídeo de la experta.

José Miguel Sánchez

Socio fundador de Talent Profits y BSingular. Psicólogo organizacional y del deporte, MBA y coach de directivos. Profesor del IE Business y de BMI en Lituania. Autor de Poderoso como un niño.

RESETEARSE PARA CRECER

Emprender con éxito nos exige una personalidad resiliente para afrontar cualquier adversidad. Resetearse significa volver a tener el poder que tuvimos cuando éramos niños y que nos permitía atrevernos con todo e imaginar y crear lo que deseáramos.

Las personas nacemos con un potencial infinito. De serie, tenemos muchas de las cualidades que se buscan en los profesionales excelentes. Sin embargo, acabamos desarrollando otras conductas que nos limitan en nuestra evolución hacia el profesional que podríamos ser. Hay que reconectar circuitos neuronales que se activaron en el niño que fuimos y que hemos dejado dormidos por la falta de uso. Estas píldoras te ayudarán a lograrlo.

• *Resetearse*   • *Aprender*   • *Creatividad*

• *Compromiso*   • *Confianza*

1. Pon pasión a lo que haces.

Las personas podemos tener distintos niveles de pasión por las cosas que hacemos, pero lo que está claro es que, cuando nos sentimos apasionados por algo, ofrecemos la mejor versión de nosotros mismos. Los niños, cuando empiezan una tarea o un juego, están al 100% y no dejan nada para después. Esta capacidad de poner el foco en lo que hacemos y apasionarnos con ello es algo con lo que nacemos los seres humanos. Las organizaciones tienen la responsabilidad de crear un contexto en el que sus empleados se apasionen por el trabajo que realizan.

2. Agilidad para aprender.

Es la capacidad que mostramos para adaptarnos a cualquier situación que acontece y aprender de ella, por dura que sea. Los niños aprenden porque no se plantean si algo es fácil o difícil, simplemente viven la experiencia y buscan divertirse viviéndola. La empresa debe crear el contexto para que los empleados puedan trabajar divirtiéndose, así el aprendizaje fluye de manera inconsciente como cuando éramos niños.

3. Creatividad e innovación.

En el mundo actual, las mejores ideas no se nos ocurren en el ámbito empresarial, aunque todos tenemos la capacidad para ser creativos. Los niños se mueven desde el hemisferio derecho de su cerebro. En la cabeza de un niño, cualquier cosa es posible porque se dejan guiar por su imaginación, sin limitaciones. Y son creativos porque también son curiosos. Las organizaciones que quieran ser innovadoras primero tienen que generar una cultura que permita estimular el hemisferio derecho.

4. Capacidad para relacionarnos o *networking*.

La capacidad de relación entre los niños se da de manera automática. En la relación con otros niños radica el beneficio del juego y es de vital importancia en el proceso de desarrollo y aprendizaje. En el mundo de la empresa actual, conectar con otros es clave para el éxito. Es fundamental la relación interdepartamental y la red de contactos externos.

5. Compromiso.

Cuando un profesional está comprometido, ofrece lo mejor de sí mismo. En la infancia, como parte del proceso evolutivo, nos comprometemos con las personas de nuestro entorno, porque nos genera bienestar. El contexto en el que vivimos, nos divertimos y aprendemos es amigable y facilitador y el compromiso surge de manera espontánea. Las empresas deben generar una cultura y un contexto facilitador para que el compromiso surja de manera natural entre los empleados.

6. Gestión del error.

En las empresas trabajamos tanto en el corto plazo que el error no se permite. Y esto está haciendo que seamos cada vez más conservadores, que no nos atrevamos a probar cosas nuevas, que no arriesguemos. Desde niños, los mayores aprendizajes los hemos obtenido a partir de nuestros propios errores. Y esto es porque el niño no tiene la resistencia al cambio que tenemos los adultos. Por eso, prueban cosas diferentes y, por eso, crecen y aprenden. Las empresas que incluyen entre sus valores la gestión del error están dando pasos de gigante hacia el éxito.

7. Lenguaje víctima.

La queja es el medio de comunicación del lenguaje víctima. Los niños no utilizan el lenguaje víctima: ellos no dicen «no puedo», viven la experiencia y después se dan cuenta de si han podido o no. Ellos quieren sentirse autónomos, explorar y probar cosas nuevas. Por eso, el lenguaje víctima no es algo natural en el niño, a menos que haya sido sobreprotegido. Los adultos tenemos que aprender a resetearnos para recuperar el lenguaje poderoso que nos hacía seres geniales cuando éramos niños. Las empresas que forman a sus profesionales en el autoconocimiento y en el autoliderazgo consiguen empleados de éxito.

8. Solidaridad.

La solidaridad es la base de cualquier equipo excelente. Está con nosotros desde que nacemos y nos ha ayudado en nuestro crecimiento como seres sociales. Los niños necesitan ayudar a otros, jugar con otros para conseguir lo que quieren que, en su caso, es divertirse. Es algo natural en el ser humano. Cuando en la empresa se tiene un objetivo compartido, la solidaridad entre los miembros del equipo nace sin más, no es necesario hablar de ella, se produce porque es el medio para conseguir el objetivo final, el del equipo.

9. Comunicación.

La comunicación es algo transversal en las organizaciones y es necesario que exista a todos los niveles. Si miramos a los niños, veremos que se hacen entender más allá de las palabras para lograr sus objetivos. Son grandes influenciadores y son directos porque saben lo que quieren y lo comunican con confianza. Mi propuesta es esta: comunícate sinceramente con los demás y acabarás obteniendo lo mismo de ellos. Las empresas deben trabajar en eliminar los filtros que se producen en la comunicación.

10. Confianza.

Los niños son seres confiados. Pero, cuando crecemos, los miedos nos hacen desprendernos de esa cualidad tan potente. Cuando la confianza existe de verdad, es más fácil que la comunicación fluya. Cuando damos confianza a las personas de nuestro equipo, les creamos posibilidades de actuación que no estaban ahí antes. Las empresas deben dejar de hablar de confianza y empezar a crearla hasta el punto de que se sienta en el ambiente.

11. Miedo a asumir riesgos.

El miedo a asumir riesgos es una de las principales trabas a la innovación en las empresas. La manera en la que los niños asumen riesgos sería casi suicida para un adulto por eso debemos aprender a asumir riesgos retadores, pero alcanzables. El miedo a la incertidumbre nos lleva a querer controlarlo todo. Pero no nos damos cuenta de que la certidumbre total sería algo tedioso y anodino hasta acabar con el ser humano. Las empresas deben facilitar que las personas generen escenarios diferentes para los objetivos que se plantean. También deben fomentar que los empleados tengan objetivos individuales que impliquen asumir riesgos acordados con sus responsables.

12. Celebrar.

En el mundo de la empresa se celebran poco los éxitos, incluso cuando se consiguen los objetivos que se habían planteado. Durante el juego, cuando los niños consiguen el objetivo, lo celebran de inmediato y liberan toda su alegría. Lo mismo ocurre en el mundo del deporte, pues este tiene sus orígenes en el juego. Celebrar tiene que ser parte de la cultura de las empresas: los niños celebran porque hacen algo que les gusta; las compañías deben crear contextos para que a sus empleados les guste lo que hacen, así lograrían tener en sus equipos a los tan ansiados intraemprendedores.

Vídeo del experto.

Luis Oliván

*Realizador de los programas de TVE, Emprende y Emprende
Express; espacios informativos y divulgativos sobre
emprendimiento de Canal 24 horas.*

REFRANES PARA EMPRENDEDORES

*El refranero español es rico en enseñanzas y,
en el caso del emprendedor, no es para menos
ya que muchos de ellos pueden ser útiles en
el ámbito empresarial. No son refranes para
emprender, pero sí para utilizar el sentido
común, que probablemente sea la principal
herramienta del emprendedor cuando quiere
poner en marcha su idea.*

- Refranes   • Sentido común   • Emprender

- Aprender   • Humildad

1. La mejor maestra, el hambre.
2. El que da primero da dos veces.
3. No por mucho madrugar amanece más temprano, pero a quien madruga, Dios le ayuda.
4. Lo que has de hacer hoy no lo dejes para mañana.
5. Más sabe el diablo por viejo que por diablo.
6. Más vale caer en gracia que ser gracioso.
7. Más vale pájaro en mano que ciento volando.
8. Más vale poco y bueno que mucho y malo.
9. Más vale prevenir que curar.
10. Al buen consejo, no le hallo precio.
11. Cuando el río suena, agua lleva.
12. Al pan, pan y al vino, vino.
13. Antes cabeza de ratón que cola de león.
14. La caridad bien entendida empieza por uno mismo.
15. A perro flaco todo se le vuelven pulgas.
16. Aquellos polvos traen estos lodos.
17. Cada maestrillo tiene su librillo.
18. Cobra buena fama y échate a dormir; cóbrala mala y échate a morir.
19. Cuando el diablo no tiene nada que hacer, mata moscas con el rabo.
20. Cuando el río suena, agua lleva.
21. Cuando la barba de tu vecino veas pelar, echa la tuya a remojar.
22. De hombres es errar; de bestias es perseveran en el error.
23. De sabios es mudar de opinión.
24. Donde menos se piensa salta la liebre.
25. El que a buen árbol se arrima, buena sombra le cobija.
26. El que fue cocinero antes que fraile sabe lo que pasa en la cocina.
27. El que no llora no mama.
28. En boca cerrada no entran moscas.
29. En casa del herrero cuchillo de palo.
30. A veces es peor el remedio que la enfermedad.
31. Estas son lentejas; si quieres, las comes y, si no, las dejas.
32. La experiencia es la madre de la ciencia.
33. El hábito no hace al monje.

34. Hablando se entiende la gente.

35. Has de hacer, no lo que quieres, sino lo que debes.

36. Hay más días que longanizas.

37. Hoy por ti y mañana por mí.

38. El hombre propone y Dios dispone.

39. Hui de la ceniza y caí en las brasas.

40. Fue a por lana y salió trasquilado.

41. Lo olvidado, ni agradecido ni pagado.

42. Es bueno tener amigos hasta en el infierno.

43. El mejor maestro es el tiempo y la mejor maestra la experiencia.

44. Cuando uno calla, aprende de los que hablan.

45. Mi gozo en un pozo.

46. No diga el caminante de esta agua no beberé, que el caminito es muy largo y aprieta la sed.

47. No pidas a quien pidió ni sirvas a quien sirvió.

48. Ni por rico te realces ni por pobre te rebajes.

49. No basta ser honrado sino parecerlo en trato y cara.

50. La mujer del César no sólo tiene que ser honrada, sino parecerlo.

51. No dejes para mañana lo que puedas hacer hoy.

52. No es oro todo lo que reluce, ni harina lo que blanquea.

53. No todo el monte es orégano.

54. No hay bien que dure ni mal que no se acabe.

55. No hay mal que cien años dure.

56. No hay mayor dificultad que la poca voluntad.

57. No hay placer tan halagüeño como tener mucho dinero.

58. No hay plazo que no llegue ni deuda que no se pague.

59. No hay regla sin excepción.

60. No hay tonto que tire piedras a su tejado.

61. No nació quien no erró.

62. No sabe mandar quien no ha sido mandado.

63. Más vale malo conocido que bueno por conocer.

64. No se ganó Zamora en una hora, ni Roma se fundó luego toda.

65. No he visto mejor adivinador que discurso con razón.

66. Nunca es tarde para hacer bien; haz hoy lo que no hiciste ayer.

67. Nunca es tarde si la dicha es buena.

68. Nunca la pereza hizo cosa bien hecha.

69. Nunca llueve a gusto de todos.

70. Nunca pidas a quien tiene sino a quien sabes que te quiere.

71. La ociosidad es la madre de todos los vicios.

72. Ojos que no ven, corazón que no siente.
73. Paga lo que debes y después sabrás lo que tienes.
74. Para muestra basta un botón.
75. Todo tiene remedio menos la muerte.
76. Perdiendo tiempo no se gana dinero.
77. Perro ladrador, poco mordedor.
78. Perro viejo, si ladra da consejo.
79. Por la boca muere el pez.
80. Por donde fueres haz como vieres.
81. Preguntando se llega a Roma.
82. A la corta o a la larga, todo se paga.
83. Quien dineros ha de cobrar, muchas vueltas ha de dar.
84. Quien hace lo que puede, no está obligado a más.
85. Quien hace un cesto hace cientos, si tiene mimbres y tiempo.
86. Quien siembra, recoge.
87. Salga el Sol por Antequera y póngase por donde quiera.
88. Si quieres ser bien servido, sírvete a ti mismo.
89. No se puede estar repicando y en misa.
90. Tiene ventura el que la procura.
91. Tras el trabajo viene el dinero y el descanso.
92. Un grano no hace granero, pero ayuda al compañero.
93. Unos tienen la fama y otros cardan la lana.
94. Sócrates: yo sólo sé que no sé nada. Y cuanto más sé más cuenta me doy de lo poco que sé.

EPÍLOGO

Este libro, *Píldoras para emprender*, igual que ocurre con los programas *Emprende* y *Emprende Express*, se dirige de forma especial a los emprendedores y tiene como parte esencial de sus contenidos la educación y formación de estos profesionales, porque no se entiende una empresa, por pequeña que sea, sin que cumpla unas normas básicas del mercado. Y esas normas hay que aprenderlas, por las buenas o por las malas, pero hay que aprenderlas.

Todo ello sin olvidar a otros colectivos que también tienen derecho a recibir información y formación y a los que, por lo general, no se presta la atención que merecen. Estos colectivos tienen diferentes necesidades que nosotros intentamos atender.

En nuestros programas de emprendimiento nos preciamos de contar con los mejores expertos en las diferentes áreas del conocimiento relacionados con la empresa, desde que se nos ilumina la mente con esa gran idea hasta que finalmente la ponemos en marcha y empezamos a crecer.

Con este libro hemos querido transmitir todos esos conocimientos con el fin de ayudar al emprendedor, autónomo, empresario o como queramos calificarles, porque en muchas ocasiones uno y otro concepto son lo mismo.

El fin último es asegurarnos, en la medida de nuestras posibilidades, de que cuando alguien decide montar una empresa no lo hace a lo loco sino con conocimiento. Es decir, que cuando se lance a la piscina se asegure de que esta tiene agua, suficiente agua, y que él o ella sabe nadar; para evitar que se ahogue. Porque eso de la segunda oportunidad está muy bien, pero es mejor no tener que pedirla.

Todo ello teniendo como referencia que la cultura emprendedora es un medio de promover la riqueza en nuestro país, lo que convierte a esta temática en parte importante de Canal 24 horas. El fin último es ayudar a crear empleo.

Me gusta decir que, cuando una empresa crea un puesto de trabajo, tenemos a un padre o una madre que puede comprar un litro de leche o un filete para sus hijos. Es decir, también tratamos de llevar el concepto del emprendimiento a lo que la gente valora, a su día a día.

Emprende y *Emprende Express* difunden sus contenidos no sólo a través del Canal 24 horas sino también en las emisiones de Canal Internacional de TVE, que distribuye su señal en diferentes canales por todo el mundo, y de la web rtve.es, además de los paquetes de programas que ofertan infinidad de empresas de cable en los cinco continentes, principalmente en Latinoamérica.

Muchas gracias por tu apoyo.

Juanma Romero es licenciado en Periodismo por la Universidad Complutense de Madrid y máster en Periodismo Electrónico. Ocupó puestos de responsabilidad en los telediarios de TVE desde 1985, entre 2007 y 2012 ha sido editor del Canal 24 horas y, posteriormente, fue director de *Los desayunos de TVE*. En la actualidad, es director y presentador de *Emprende* y *Emprende Express*. Desde 1997 imparte seminarios, talleres, charlas y conferencias sobre magnetismo personal, visibilidad, habilidades sociales, emprendimiento y tecnología.

Luis Oliván, realizador de los programas *Emprende* y *Emprende Express,* con amplia experiencia en la realización de programas informativos, documentales y videoclips, se encarga del control de la imagen y de la marca tanto en el aspecto televisivo como en las redes sociales. Gracias a su labor, ambos programas han recibido más de doce premios desde enero de 2014. Experto en entorno Apple y edición de vídeo no lineal, imparte clases en el Instituto RTVE formando a los alumnos en la realización de reportajes y documentales.

años

nos queda mucho por hacer

- 1993 Madrid
- 2007 Barcelona
- 2008 México DF y Monterrey
- 2010 Londres
- 2011 Nueva York y Buenos Aires
- 2012 Bogotá
- 2014 Shanghái y San Francisco